내신 3등급 상위권 대학 입시 전략

내신 3등급 상위권 대학 입시 전략

초판 1쇄 인쇄 2022년 8월 17일
초판 1쇄 발행 2022년 8월 24일

지은이 김진호

발행인 장상진
발행처 (주)경향비피
등록번호 제2012-000228호
등록일자 2012년 7월 2일

주소 서울시 영등포구 양평동 2가 37-1번지 동아프라임밸리 507-508호
전화 1644-5613 | **팩스** 02) 304-5613

ⓒ김진호

ISBN 978-89-6952-516-1 03370

내신 3등급
상위권 대학
입시 전략

고1부터 준비하는 학종 대비 실전서

김진호 지음

경향BP

머리말

첫 번째 책『고교입시 명문대 입학을 결정한다』를 출간한 지 벌써 3년이 흘렀다. 첫 번째 책은 고등학교 입시에 대한 개괄적인 설명과 자녀교육에 방점을 두었고, 두 번째 책『대학 입시 중3부터 시작하라』는 중3과 고등학생 학부모들에게 실제적인 도움을 줄 수 있는 가이드북 형태였다.

2022년 대선이 끝나고 윤석열 정부가 들어서면서 입시 지형이 또 변화를 직면하게 되었다. 윤석열 정부가 집권함에 따라 2025년 실시할 예정이었던 고교학점제는 연기될 가능성이 높아졌다. 이 말은 일반고 학생들의 선택 과목 범위가 더 좁아졌다는 것을 의미한다.

일반고 학생들은 어떻게 해야 할까? 필자의 조언은 "학교 교육과정에 설치된 과목의 수행과제를 활용하라."이다. 즉 수행과제를 하면서 자신의 진로와 연계된 결과물을 보여 주고 그것이 기재되도록 하는 것이 최선이다.

이번에 발간하는『내신 3등급 상위권 대학 입학 전략』은 일반고 학생들을 위한 학생부종합전형(이하 학종이라고 한다.) 대비 실전서라 할 수 있다. 필자는 그동안 일반고 재학생들을 상대로 대입 컨설팅을 하면서 학생들이 학종은 포기하고 아예 대학수학능력시험(이하 수능이라고 한다.)과 논술만 신경 쓰는 것을 항상 안타깝게 생각했다. 특히 내신이 3등급을 넘어 가면 대부분의 학생이 학종은 포기하고 수능으로 몰려가는 것을 보고 과연 이게 정답일까 하는 의문이 들었다.

2024년부터 학생부 기재사항이 대폭 축소되고 대입에 미반영되는 항목이 늘어나면서 이제는 3등급도 소위 말하는 명문 대학에 진학할 수 있는 길이 열렸다. 이제 드디어 일반고 학생들도 특목고나 전국권 자사고 학생과 비교할 때 불리한 점이 없어진 것이다.

일반고 학생들이 학종을 포기하는 가장 큰 이유는 자신의 적성을 잘 몰라서 진로를 선택하고 자신에게 맞는 전공 학과를 선택하는 시기가 늦기 때문이다. 반면에 특목고와 자사고를 준비하는 학생들은 중학교 때 고교 입시를 준비하며 자신의 진로에 따른 자기소개서(이하 자소서라고 한다.)를 쓰기 때문에 자신의 적성을 조기에 파악할 기회를 가질 수 있다. 그래서 고등학교에 입학하면 비교적 쉽게 학종에 대비한 수업을 할 수 있는 것이다.

그래서 이번 책에서는 일반고 학생들이 학종을 이용해서 자신이 원하는 대학에 진학할 수 있는 방법을 소개하고자 한다. 학종의 실체를 파악하고 학종에 유리한 세부능력 및 특기사항(이하 세특이라고 한다.)을 준비할 수 있도록 진로 선택 과목에 대한 안내와 대학별 학종 기준 그리고 무엇보다 자신의 적성을 파악하는 방법을 알려 주고자 한다.

　필자는 오랫동안 입시 현장에서 일하면서 열심히 노력하는 학생이 좋은 결과를 얻는다는 평범한 진리를 너무나 많이 봐 오며, 입시에는 지름길이 없다는 것을 뼈저리게 느끼고 있다. 그런데 현실에서는 학부모들이나 학생들이 단번에 모든 문제를 해결할 수 있는 마법의 지팡이를 바란다.

　여기에서 필자가 하고 싶은 말은 그 마법의 지팡이는 바로 학생 자신의 흥미와 적성이라는 것이다. '흥미와 적성'이라는 지팡이가 자신이 가고 싶은 대학에 진학할 수 있도록 인도를 해 줄 것이다. 단 이 과정에서도 노력은 꼭 필요하다.

　필자가 시중에 나온 입시 관련 책들을 보면서 항상 느끼는 점은 너무 어렵고 두껍다는 것이다. 과연 학부모들이 전공 서적을 읽듯이 입시 지도서를 밑줄 쳐 가면서 끝까지 다 읽을 것인가에 대한 의구심이 사라지지 않았다. 그래서 이 책은 누구라도 쉽게 끝까지 다 읽을 수 있도록 최대한 쉬운 용어로 설명하려고 하였다. 입시 전문가 수준에 이른 일부 학부모를 위한 입시 전문서가 아니라 대학 입시를 처음 하게 되는 학부모들을 위한 개론서를 만들려고 한 것이다.

　필자는 '학종은 어려운 길이 아니다.'라고 생각한다. 학종은 자신의 적성을 믿고 학교활동을 열심히 하는 학생들에게는 너무나 쉬운 길이다. 3년을 오로지 문제 풀고 유형을 외우고 복기하는 수능의 길이 더 힘들고 어렵다.

　필자는 학부모들이 이 책을 한 번만 읽어도 학종을 도외시하지 않고 대입의 중요한 무기로 활용하겠다는 생각을 하게 된다면 책을 쓴 목표는 어느 정도 달성했다고 생각한다. 아무쪼록 학종의 길을 선택한 학생과 학부모들에게 조금이라도 도움이 되는 지침서가 되길 바라는 마음이다.

책 집필에 자료 제공과 격려를 아끼지 않으신 명덕외고 이진승 교장 선생님과 김지운 입학부장 선생님, 김천고 장영수 교장 선생님과 라영운 입학홍보부장 선생님, 북일고 권오웅 입학관리부장 선생님에게 깊은 감사의 말씀을 드린다. 아울러 책을 쓸 수 있도록 제반 여건과 실제 사례를 제공해 주신 목동 사과나무학원 임충빈 대표님과 학부모 입장에서 실질적이고 객관적인 시각으로 현상을 보도록 조언해 주신 목동의 오주환 님에게도 마음속 깊이 감사하다는 말씀을 드린다.

지금은 비록 전 학원이 되었지만 목동 씨앤씨학원 신원식 원장님이 입시연구소를 설립하면서 필자를 초대 소장으로서 활동할 수 있게 해 주신 배려도 이 책을 집필할 수 있었던 원동력이 되었다. 무엇보다 항상 옆에서 필자에게 긍정적으로 인생을 보도록 따뜻한 영감을 주는 '나의 영원한 친구이며 연인이자 아내'인 임금자 님에게 무한한 사랑과 감사를 드린다.

김진호

목차

PART 3 학종의 핵심은 세특이다

PART 4 학종의 마침표는 면접이다

PART 5 대학별 학생부종합전형 분석

PART 6 자신의 적성을 아는 것이 입시의 첫걸음이다

PART
1

정권이 바뀌면
입시도 바뀐다

우리나라만큼 교육정책이 정치에 휘둘리는 나라도 드물 것이다. 국민들의 여론이 교육정책에 따라 달라지기 때문에 정치권에서도 그만큼 신경 쓰는 것이라고 할 수 있다. 1960년대에는 저개발 국가에 속했던 우리나라가 이제 경제력 규모에서 세계 10위권까지 올라선 것은 교육의 힘이라고 평가할 수 있다. 역대 정권의 교육정책에 대해 짚어 보면서 윤석열 정부의 교육정책을 어떤 시각으로 봐야 할지 가늠해 보자.

정부 구분	주요 교육정책
박정희 정부 (1963~1979)	- 중학교 무시험 정책 - 고교 평준화 정책 - 민간주도 사립학교 대거 허용
전두환 정권 (1981~1988)	- 과외(사교육) 금지 - 대학 본고사 폐지. 대입 예비고사 폐지(1981), 대입 학력고사로 개편 - 고등학교의 내신 성적 및 예비고사 성적에 의한 대학 입학생 선발 - 대학 입학정원 확대 및 졸업정원제 실시(졸업정원제는 이후 폐지)

노태우 정권 (1988~1993)	- 문교부를 교육부로 개칭 - 교원 지위 향상을 위한 특별법 제정 - 지방교육자치제 실시
김영삼 정부 (1993~1998)	- 1997년부터 고등학교생활기록부를 입시에 반영 - 모든 대학교가 입시에서 국어·수학·외국어(영어) 위주의 필답고사 폐지
김대중 정부 (1998~2003)	- 교육부를 교육인적자원부로 개칭, 장관을 부총리로 격상 - 대학 입시에서 3불(不) 정책을 고수. 대학본고사·고교등급제·기여입학제 금지
노무현 정부 (2003~2008)	- 만 5세 아동에 대한 무상교육·보육 - 학생선발 방식 등을 각 대학이 자율적으로 결정하도록 위임 - 의학전문대학원 제도 도입 - 공교육 정상화: 수준별 이동수업, 방과후학교 실시 - 교원평가제, 교육감 직선제, 개방형 이사제 시행 - 사교육비 경감 대책, EBSi로 사교육을 대체하는 온라인 공교육 시도 - 2008 대입제도 개선안: 내신9등급 세분화(원점수+석차등급제), 수능 영역별 9등급제, 입학사정관제 도입 - 대학 변별력 향상을 위해 논술시험 및 심층면접 등 실시
이명박 정부 (2008~2013)	- 학교 자율화, 학교장과 교육감의 권한 강화, 교장 공모제 도입 - 고교 다양화 300 프로젝트: 기숙형공립고 150개, 마이스터고 50개, 자율형사립고 100개 - 학교 간 경쟁을 통한 교육의 질 향상: 학업성취도 평가(일제고사) 부활, 성적공시제도 도입, 학교 및 교원 평가 - 대학 입시 완전 자율화: 입학사정관제 확대, 복잡한 대입 전형 - 영어 공교육 완성 프로젝트: 영어회화 전문강사, 국가영어능력평가시험(NEAT) 도입 - 수능 체제 개편: 등급제 보완, 수준별 수능 체제, 응시과목 축소 - 주5일제 수업 전면 시행
박근혜 정부 (2013~2017)	- 중학교 자유학기제 도입 - 대입을 학생부 교과, 학생부 종합, 수능, 논술, 특기자 5가지 전형으로 운영 - 고입에 외고, 국제고, 자사고, 특목고 유지. 중학교 절대평가와 일제고사를 통한 상대평가 병행
문재인 정부 (2017~2023)	- 고교무상교육 전면 실시 - 2022년 통합형 수능 실시 - 2025년 자사고, 외고, 국제고를 일반고로 전환 예정 - 2025년 고교학점제 실시 예정

대입정책만 따로 시기별로 구분해서 보면 우리 교육정책의 변화가 얼마나 극심했는지 알 수 있다.

연도별 구분	대입 제도
1982~1985	- 학력고사 50% 이상, 내신 30% 이상으로 선발
1986~1993	- 대학입학학력고사, 고교내신제 및 논술고사 등으로 세분화. 논술고사 신설 (10% 이내 반영) - 눈치작전 예방을 위해 선지원 후시험으로 변경
1994~1996	- 1994년 학력고사 폐지, 대학수학능력시험(수능) 도입 - 수능, 고교 내신, 대학별 고사 실시. 대학별로 대입 전형 요소 반영 비율과 방법을 자율로 결정
1997~2007	- 수능, 학교생활기록부, 대학별 고사 실시 - 2004년부터 선택형 수능 도입, 직업탐구 영역 신설 - 2004년 10월 28일 '2008 대입제도 개선안'에 따라 학생부 신뢰도 제고 차원에서 내신 부풀리기 방지를 위해 '원점수+평균+표준편차+9등급제' 제공. 수능 성적은 9등급만 제공(표준점수, 백분위 미제공)
2007~2012	- 입학사정관 시원 사업을 통해 학생부 및 각종 외부 경험을 종합적으로 정성 평가하는 입학사정관제 도입 유도(현 학생부종합전형의 원조)
2013	- 2013년 10월 25일 '대입 전형 간소화 방안' 도입 - 수시는 학생부종합, 학생부교과, 논술, 실기 위주 4개 전형 / 정시는 수능, 실기 위주 2개 전형으로 개편 - 정부는 재정 지원과 연계하여 수시 수능 최저학력기준 완화 유도. 학생부종합전형 도입 - 공인 어학 성적과 교외 수상 등 학교 외부 실적은 평가에서 배제하고, 학생부 중심의 평가로 전환 - 수준별 수능(A/B형) 폐지, 2017년부터 한국사를 필수로 지정 - 대입 사전예고제 실시. 대입정책 3년 3개월 전 발표, 대학별 입시계획 발표 법제화가 이뤄짐. 한국대학교육협의회는 2년 6개월 전 공표해야 하고, 개별 대학은 1년 10개월 전에 발표해야 함
2018	- 정시 확대 비율을 30% 선으로 설정한 2022년 대입제도 개편방안 발표
2019~	- 2022년 대입부터 정시 비율 40% 확대를 대학에 유도 - 2021년 대입부터 대부분의 상위권 대학 정시 비율 40% 이상 확대

표에서 보듯이 우리나라 대입제도의 변곡점은 노무현 정부 때부터 시작되었다고 볼 수 있다. 가장 최근의 변곡점은 문재인 정부 때 대입은 학생부 중심 전형, 고교는 고교학점제 도입으로 달려가던 교육정책이 조국 사태로 인해 갑자기 수능 위주 전형 확대로 뒤집어진 것이라 볼 수 있다. 과연 윤석열 정부는 이런 난기류를 어떻게 헤쳐 나갈 것인가?

02 | 윤석열 정부 교육정책

2022년 3월 9일 대선이 끝나고 윤석열 정부가 탄생하였다. 이로써 지금까지 민주당이 추진하던 고교평준화와 고교학점제로 이어지는 교육정책의 변곡점이 나타날 것으로 보인다. 대입에서 정시 확대는 구체적 수치를 밝히지는 않았지만 수시 비율이 높은 수도권 대학들을 타깃으로 할 것으로 보인다. 더불어 입시비리 암행어사제와 원스트라이크 아웃제 등 입시비리 처벌 강화가 이루어질 것이다. 물론 이런 교육정책은 학부모의 반응에 따라 어느 정도 조정은 가능할 것으로 보인다.

고입에서는 2025년 외국어고는 일반고로 전환하며, 자사고는 현행대로 유지하는 것으로 발표되었다. 고교학점제도 2025년 실시하는 것으로 발표되어 일반고 학생들도 학생부종합전형에 대비할 수 있는 여건이 더 우호적으로 조성될 것으로 예상된다.

또한 "초·중·고등학교 공교육은 평가와 줄 세우기가 아닌 학업 성취도와 격차 파악을 위해 주기적으로 전수 학력 검증 조사를 실시하겠다."고 밝힌 바 있다. 방과후학교 운영 시간을 5시까지, 초등 돌봄 교실을 8시까지 운영해 돌봄이 필요한 아이들에게 학원이 아니라 학교에서 양질의 교육을 제공하는 정책을 펼 것으로 보인다.

컴퓨터 언어 교육과 디지털 과학역량 강화에도 나설 것을 밝힌 바 있다. 이 밖에도 교육감 직선제를 합리적으로 개선하고, 학교 행정을 학교-학부모 자율적 운영 체계로 전환하는 것 등을 추진할 계획이다.

대학 교육 정상화를 위해서는 거점 대학, 거점 학과를 중심으로 집중 투자를 하고 각종 규제로 인해 엄청난 재원을 낭비한 대학의 역량 강화 사업을 혁신하는 것이 목표이다. 그리고 지역 거점 대학의 1인당 교육비 투자를 상위 국립대 수준까지 끌어올리고 국가 장학금을 늘릴 방침이다.

더불어 한계 부실 대학을 자율적인 구조조정을 통해 기업 수요에 맞는 교육 기관으로 활용하고 연구개발센터, 데이터센터, 벤처회사 창업의 전진기지로 활용하도록 하여 교육과 지역을 연계한 '로컬 크리에이터' 중심 콘텐츠 개발과 창업을 지원할 계획이다.

이 모든 교육 공약이 정책으로 연결될지 여부는 좀 더 지켜봐야 하겠지만, 최소한 대입에서는 정시가 확대되고 영재고·과학고·자사고는 유지될 것으로 보인다.

03 | 현재 대학 입시 전형 구성

대학 입시 전형은 크게 학생부교과전형, 학생부종합전형 등으로 선발하는 '수시전형'과 수능 성적을 기준으로 선발하는 '정시전형'으로 나누어진다. 대학 입시는 이 2개의 전형을 큰 틀로 해서 움직인다고 할 수 있다.

수시는 각 대학이 정시모집에 앞서 신입생을 선발하는 방식이다. 수능 외에 다양한 기준과 방법으로 신입생을 조기 선발해 지원자의 대학 선택 폭을 넓혀 주기 위한 제도이다. 통상 수시모집에서는 학생부·대학별고사·서류 등으로 신입생을 선발하며, 수능을 최저학력기준으로 활용하기도 한다.

수시모집의 최종 합격자는 등록 여부에 관계없이 정시모집에 지원할 수 없고, 수시모집에 미달된 모집단위의 경우 정시모집 또는 추가모집으로 이월하여 선발하게 된다. 수시모집은 주요 전형 요소에 따라 학생부종합전형, 학생부교과전형, 논술전형, 특기자전형의 4가지로 구분된다. 요즘은 특기자전형이 학생부종합전형에 흡수되어서 없어지는 추세이고 논술전형은 축소되고 있다.

정시모집은 수시모집 이후 정해진 기간 동안 신입생을 선발하는 방식으로, 주로 수능 성적 중심으로 선발한다. 수능 성적 발표 이후 모집군(가, 나, 다군)을 정하여 선발하는데, 대학 간 혹은 같은 대학이라도 전형 일자가 다른 군에 속하면 자유롭게 지원할 수 있다. 다만 각 군별로 한 대학에만 지원해야 하므로 수험생의 경우 군별로 각한 번씩 총 3번의 지원 기회가 있다.

참고로 정시모집이 종료된 이후 모집단위에 결원이 발생할 경우 3월 학기 시작 이전에 추가적으로 실시하는 입학전형을 '추가모집'이라 한다. 정시모집과 달리 추가모집은 군별 구분이 없고 지원 횟수에도 제한이 없다.

수능 과목은 국어·영어·수학·한국사는 공통 필수 과목이며, 사회 선택 2과목이나 과학 선택 2과목 중 택1, 제2외국어와 한문 중 택1 해서 총 7개 과목으로 구성된다. 그중 제2외국어와 한문은 특정 대학에 진학을 원하는 학생들만 시험을 치른다.

국어는 공통 과목이 독서와문학, 선택 과목은 화법과작문/언어와매체 중 택1이다. 수학은 공통 과목이 수I과 수II, 선택 과목은 확률과통계/미적분/기하 중 택1이다. 영어는 영어I과 영어II를 바탕으로 국어와 같이 다양한 소재를 다룬 지문과 자료를 활용해 문제를 낸다. 한국사는 우리 역사에 대한 기본 소양을 평가하기 위한 핵심 내용 중심으로 출제한다.

사회탐구는 생활과윤리/윤리와사상/한국지리/세계지리/동아시아사/세계사/경제/정치와법/사회문화 중 택2, 과학탐구는 물리학I/화학I/생명과학I/지구과학I/물리학II/화학II/생명과학II/지구과학II 17개 과목 중 택2다. 직업탐구는 1과목 선택 시 농업기초기술/공업일반/상업경제/수산해운산업의기초/인간발달 중 택1이며, 2과목 선택 시 택1 과목에 더해 성공적인직업생활을 추가해야 한다.

제2외국어/한문은 독일어I/프랑스어I/스페인어I/중국어I/일본어

I/러시아어I/아랍어I/베트남어I/한문I 중 택1이다.

	수시	정시
모집 시기	9~12월 초	12~2월
전형 방법	학생부 내신, 학생부 기재된 교과, 비교과활동, 논술, 학교에 따라서는 수능최저기준 적용	주로 수능 성적
모집 비중	2023년 전체 대학 비중 설정 78.0% 상위권 대학은 대부분 60%	2023년 전체 대학 비중 설정 22.0% 상위권 대학은 대부분 40% 이상
전형명	– 학생부교과전형 – 학생부종합전형 – 논술전형 – 특기자전형 * 학교마다 고유의 명칭을 붙이는 경우가 많음	수능전형

2024년 변경되는 생기부 기재사항

01 2024년 이전과 이후 기재사항 비교

2024년 이전과 이후의 학교생활기록부(이하 생기부라고 한다.) 기재 사항을 항목별로 비교해 보면 다음 표와 같다.

항목	2024년 이전(2022~23년)	2024년 이후
수상 경력	교내 수상 학기당 1건 (3년간 최대 6건)	미반영
자격증 및 인증 취득 상황	대입 자료 미제공	
진로 희망 사항	대입 자료 미제공(창의적 체험활동, 진로활동 특기사항에 기재)	
교과활동 세부특기사항	방과후학교 활동 미기재	방과후학교 활동 미기재 영재/발명 교육 실적 미기재
독서활동	도서명과 저자만 기재	대입 미반영
동아리활동	소논문 기재 금지 자율동아리 연간 1개(30자)만 기재 청소년단체 활동: 단체명만 기재	소논문 기재 금지 자율동아리 미반영 청소년단체 활동 미기재
봉사활동	특기사항 미기재 (필요시 행동특성 및 종합의견란에 특기사항 기재 가능)	특기사항 미기재 개인 봉사활동 실적 미반영

창의적 체험활동	1,700자	
행동특성 및 종합의견	500자	
자소서	4개 문항(대학 자율 1문항 포함)에서 3개 문항으로 축소	폐지

여기서 눈여겨봐야 할 것은 수상 실적이 미반영된다는 점이다. 지금까지 학종의 주요 항목 중 하나가 수상 실적이었다. 서울대나 연·고대 등 최상위권 대학 진학을 원하는 학생들은 고교 생활 동안 많게는 거의 10여 개의 수상 실적이 필요했다. 그러다 보니 학교에서는 일부 우수한 학생에게 집중적으로 상을 몰아주거나 사교육을 통해서 수상 실적을 쌓거나 하는 일들이 일어나게 되었다. 그래서 2024년부터는 아예 수상 실적 미반영이라는 강수를 두게 된 것이다.

그러면 수상 실적이 없어지니 그냥 손 놓고 있으면 되는가? 그렇지 않다. 이제부터는 수상 실적을 생기부의 다른 영역, 즉 세특에 반영해야 한다. 어떻게 반영할지는 뒤에서 자세히 다루도록 하겠다.

다음으로 크게 바뀐 부분은 독서활동이 미반영된다는 점이다. 지금까지는 대학에서 학생이 읽은 책의 목록을 독서활동 기록란을 통해서 일목요연하게 볼 수 있었다. 그러나 이제 이 항목이 미반영되는 것이다. 이로 인해 독서는 필요 없다고 생각할 수 있는데, 서울대학교에서 독서는 모든 학생 즉 이공계열이나 인문계열 진학생에게나 동일하게 중요하다고 얘기한 적이 있다.

굳이 이 말을 인용하지 않더라도 독서가 중요하다는 것은 누구나 알고 있다. 독서활동은 과목별 세특이나 행특에 충분히 반영할 수 있다. 이 점에 대해서는 뒤에서 자세히 다루도록 하겠다.

동아리는 학교동아리만 기재되고 자율동아리는 미반영된다. 그러나 미반영되더라도 세특에는 교과 관련해서 동아리활동 내용을 기재할 수 있기 때문에 자율동아리활동이 중요하다는 것은 변함이 없다.

가장 크게 바뀐 부분은 2024년 입시부터 자소서가 전면 폐지된다는 점이다. 이번 개정의 최고 하이라이트로 많은 학부모와 학생이 반기는 부분이다. 한편 지금까지는 생기부가 좀 빈약하더라도 자소서에서 만회할 수 있었지만 자소서가 폐지됨으로써 어디서 보완 설명해야 할지 고민되기도 한다. 필자는 이것이 오히려 기회라고 생각한다. 즉 자소서를 생기부에 잘 녹여 쓰면 오히려 자소서라는 번거로운 절차가 생략됨으로써 더 유리하게 활용할 수 있기 때문이다.

지금까지 생기부 기재에서 변경된 부분을 간략하게 설명하였다. 이 생략된 부분을 어떻게 우리가 활용할지는 다음에 자세히 알아보겠다.

02 | 독서의 중요성은 바뀌지 않는다

독서활동은 아무리 말해도 중요성이 지나치지 않다. 왜냐하면 독서는 전공적합성, 자기주도 학습능력, 관심과 진로 분야 등을 파악하여 발전 가능성을 추정할 수 있는 항목이기 때문이다. 독서활동은 교과 수업과 연계해서 진로 관련한 지적 호기심과 열정을 보여 주는 좋은 항목이며 지표이다. 독서활동이 본인의 진로탐색과 결정에 어떻게 영향을 미쳤는지, 전공적합성이나 진로 등에 어떻게 부합하는지, 그리고 어떤 후속 활동으로 연결되었는지가 중요한 평가의 판단 기준이 되고 있다.

그래서 평이한 책 위주의 독서는 좋은 평가를 받기가 어렵다. 인터넷 포털 사이트에서 검색되는 필독서나 권장도서보다는 본인이 지원하는 전공과 관련 있는 책을 읽고, 과목별 수행과제를 하면서 자기주도적으로 책을 읽는 것이 중요하다.

서울대는 특히 독서의 중요성을 강조하는 학교이다. 2015년부터 지금까지 자소서 4번 자율 문항으로 "고등학교 재학 기간 읽었던 책 중 자신에게 가장 큰 영향을 미친 책을 3권 이내로 선정하고 그 이유를 기술하라."를 유지하고 있다. 그러므로 2024년부터 독서 기록이 폐지되더라도 면접에서 틀림없이 나올 것이다.

다음 표는 서울대학교 2021년 지원자들이 가장 많이 읽은 책 20권과 단과대학별 지원자들이 가장 많이 읽은 도서 3권이니 참고하기 바란다(서울대학교 입학웹진 아로리 참고).

2021년 지원자들이 가장 많이 읽은 책 20권

순위	책 제목	지은이	순위	책 제목	지은이
1	왜 세계의 절반은 굶주리는가?	장 지글러	11	데미안	헤르만 헤세
2	침묵의 봄	레이첼 카슨	12	팩트풀니스	한스 로슬링 외
3	멋진 신세계	올더스 헉슬리	13	페스트	알베르 까뮈
4	미움받을 용기	기시미 이치로	14	아픔이 길이 되려면	김승섭
5	정의란 무엇인가	마이클 센델	15	총, 균, 쇠	제레드 다이아몬드
6	이기적 유전자	리처드 도킨스	16	부분과 전체	베르너 하이젠베르크
7	사피엔스	이기적 유전자	17	돈으로 살 수 없는 것들	마이클 센델
8	엔트로피	제레미 리프킨	18	연금술사	파울로 코엘로
9	1984	조지 오웰	19	변신	프란츠 카프카
10	죽은 시인의 사회	N. H. 클라인바움	20	수레바퀴 아래서	헤르만 에세

서울대학교 단과대학별 지원자들이 가장 많이 읽은 도서 3권

단과대학	1위	2위	3위
인문대학	사피엔스	정의란 무엇인가	데미안
사회과학대학	정의란 무엇인가	왜 세계의 절반은 굶주리는가?	아픔이 길이 되려면
자연과학대학	이기적 유전자	부분과 전체	침묵의 봄
간호대학	나는 간호사 사람입니다	페스트	이기적 유전자
경영대학	돈으로 살 수 없는 것들	넛지	경영학 콘서트
공과대학	엔트로피	공학이란 무엇인가	침묵의 봄

농업생명과학대학	침묵의 봄	왜 세계의 절반은 굶주리는가?	이기적 유전자
미술대학	디자인의 디자인	이것은 미술이 아니다	멋진 신세계
사범대학	죽은 시인의 사회	에밀	수레바퀴 아래서
생활과학대학	왜 세계의 절반은 굶주리는가?	돈으로 살 수 없는 것들	이상한 정상가족
수의과대학	의사와 수의사가 만나다	인수공통 모든 전염병의 원리	수의사가 말하는 수의사
음악대학	하노버에서 온 음악편지	미움받을 용기	자존감 수업
의과대학	숨결이 바람이 될 때	아내를 모자로 착각한 남자	아픔이 길이 되려면
자유전공학부	정의란 무엇인가	팩트풀니스	왜 세계의 절반은 굶주리는가?
치의학대학원	치과의사가 말하는 치과의사	입속에서 시작하는 미생물 이야기	치과의사는 입만 진료하지 않는다

03 | 2023년 서울대 입학전형(정시) 학생부 도입의 의미

정시는 수시와 달리 수능 성적으로만 선발하는 전형이다. 대부분의 학교에서는 수능 성적과 학생부 출결 감점으로 선발하고 있어서 실제로는 수능 성적 100%로 선발한다고 해도 과언이 아니다. 그러나 서울대는 2023년부터 정시에 학생부를 반영하겠다고 밝혔다. 2023년 정시모집부터 학생부 교과평가를 새로운 전형 요소로 도입하여 '수능시험 + 교과평가'로 선발한다는 것이다.

그동안 수시모집으로만 선발했던 지역균형전형을 정시모집에서도 선발하며, 수시모집 지역균형전형의 수능 최저학력기준도 3개 영역 이상 2등급 이내였던 것을 3개 영역 등급 합 7 이내로 완화한다고 발표했다. 한마디로 말하면 정시도 수시와 같이 지역균형전형과 일반전형으로 구분해서 학생부를 반영하겠다는 것이다. 전형별 선발 방법을 자세히 알아보면 다음과 같다.

| 1 | 정시 지역균형 선발 방법

선발 요강은 다음과 같다. 즉 수능 성적과 교과평가 점수의 합산이다. 학교별로 2명을 추천할 수 있다.

수능	교과평가
60점	40점

교과평가는 다음과 같이 시행한다.
① 평가 등급 : A(10점) > B(6점) > C(0점)
② 2명의 평가자가 독립적으로 평가하여 등급을 부여하고 아래 조합에 따라 점수를 부여함
③ 교과평가 점수 = 2인 평가 등급 조합 + 30점

등급 조합 예시	A+A	A+B	B+B	B+C	C+C
배점	10	8	6	3	0

| 2 | 정시 일반 선발 방법

1단계	2단계
수능 100% (2배수)	1단계 성적 80점 + 교과평가 20점

등급 조합 예시	A+A	A+B	B+B	B+C	C+C
배점	5	4	3	1.5	0

| 3 | 서울대 정시 교과평가의 의미

평가 방법을 좀 더 자세하게 알아보면 다음과 같다.

'교과 이수 충실도와 교과성취도의 우수성'을 평가 요소로 활용하는 교과평가를 도입한다는 것이다. 이때 교과평가는 학생이 학교 교육과정을 통해 충실히 공부한 내용을 대학 입시에 반영하는 것으로, 생기부 교과학습발달 상황(학생부 교과영역)만으로 지원 모집단위 관련 학문 분야에 필요한 교과 이수 및 학업 수행의 충실도를 A, B, C 3개 등급 절대평가 방식으로 반영한다. 좀 더 구체적으로 살펴보면 학생부 교과영역을 교과(목) 이수 현황, 교과(목) 학업 성적, 세부능력 및 특기사항으로 구분하여 반영한다는 것이다.

첫째, 교과(목) 이수 현황에서는 교과(목)별 위계에 따른 선택 과목 이수 내용과 진로/적성에 따른 선택 과목 이수 내용을 평가한다. 예컨대 경제학부의 경우에는 수학/사회 교과 이수 현황 등을 고려하여 평가하고, 공과대학의 경우에는 수학/과학 교과 이수 현황 등을 고려하여 평가한다는 것이다.

둘째, 교과(목) 학업 성적에서는 기초 교과 영역 및 모집단위 관련 교과성취도의 우수성을 비롯해 과목 수준, 수강자 수, 원점수, 평균(표준편차), 성취도별 분포비율 등을 고려하여 평가한다.

셋째, 세부능력 및 특기사항에서는 교과(목)별 수업활동에 나타난 학업 수행의 충실도를 평가한다.

다음 표는 종로학원에서 발표한 2020 서울대 자연계 지원 현황 및 최초 합격선과 최종 합격선이다. 이 표를 보면 실제로는 최초 합격자와 최종 합격자의 점수 차이는 극히 적음을 알 수 있다. 간호학과 같은 경우는 1점도 채 되지 않는다. 실제로 이런 상황을 감안하면 정시에서 학생부가 안 좋은 학생은 지원해서 합격할 가능성은 예전보다 낮아진다고 볼 수 있다.

2020 서울대 자연계 지원 현황 및 최초 합격선과 최종 합격선

대학 학부	모집단위	정원	지원자	경쟁률	최초합 (컷)	합격선 (컷)	1~3차
자연과학대학	수리과학부	7	26	3.71	399.9	393.4	1
자연과학대학	물리학전공	7	32	4.57	397.2	389.1	4
자연과학대학	천문학전공	4	16	4.00	385.9	385.9	0
자연과학대학	화학부	11	45	4.09	388.9	388.1	3
자연과학대학	생명과학부	17	55	3.24	392.8	391.5	5
자연과학대학	지구환경과학부	9	31	3.44	389.5	389.5	0
간호대학	간호대학	19	104	5.47	397.2	396.4	20
공과대학	건설환경공학부	20	59	2.95	390.9	390.9	0
공과대학	기계공학전공	38	78	2.05	394.9	393.7	11

공과대학	우주항공공학전공	13	36	2.77	392.9	392.4	2
공과대학	재료공학부	32	96	3.00	392.6	392.6	2
공과대학	전기정보공학부	44	83	1.89	397.3	384.1	12
공과대학	컴퓨터공학부	14	39	2.79	400.8	400.0	2
공과대학	화학생물공학부	29	104	3.59	392.9	391.4	9
공과대학	건축학과	15	43	2.87	390.4	390.0	2
공과대학	산업공학과	14	51	3.64	393.6	393.1	1
공과대학	원자핵공학과	7	30	4.29	389.2	389.2	0
공과대학	조선해양공학과	17	52	3.06	390.3	390.2	1
농업생명과학대학	식물생산과학부	20	63	3.15	388.7	388.6	1
농업생명과학대학	산림과학부	17	73	4.29	388.1	387.9	1
농업생명과학대학	식품동물생명공학부	14	34	2.43	389.9	389.0	4
농업생명과학대학	응용생물화학부	14	82	5.86	389.3	388.1	3
농업생명과학대학	조경지역시스템공학부	15	40	2.67	389.3	389.2	1
농업생명과학대학	바이오시스템소재학부	14	47	3.36	391.8	391.6	2
사범대학	수학교육과	8	14	1.75	394.3	384.7	2
사범대학	물리교육과	8	18	2.25	387.8	387.8	0
사범대학	화학교육과	13	26	2.00	389.0	388.4	2
사범대학	생물교육과	12	36	3.00	388.1	388.1	0
사범대학	지구과학교육과	14	41	2.93	387.6	387.3	2
생활과학대학	식품영양학과	17	34	2.00	387.4	387.2	2
생활과학대학	의류학과	11	59	5.36	386.8	386.7	2
수의과대학	수의예과	8	35	4.38	392.6	392.2	2
의과대학	의예과	30	83	2.77	404.4	404.4	0
치의학대학원	치의학과	2	21	10.50	403.7	401.5	3

출처 : 종로학원

앞에서 살펴본 바와 같이 교과평가는 순전히 내신을 반영하는 것이 아닌 학생의 학교활동을 전체적으로 파악하겠다는 것임을 알 수 있다. 즉 학생부 교과평가가 아니라 학생부 종합평가인 것이다. 그러면 왜 서울대에서 이런 복잡한 방법을 선택했는지를 알아야 한다.

잊지 말아야 할 것은 수능은 한계가 있는 시험이라는 사실이다.

"대학에서 성공적으로 수학하는 데 기초가 되는 능력과 고교교육 과정상의 기본 개념에 대한 이해 및 적용능력을 측정하는 데 중점을 뒀다."

1993년 수능 체제를 도입할 당시 심재기 출제위원장의 말이다. 즉 수능은 태생적으로 한계를 가지고 있는 기형적 존재인 것이다.

수능은 본래의 목적을 잃은 채 학력고사와 비슷해졌다. 수능을 설계하고 실험 평가를 주도해 '수능의 창시자'라 불리는 박도순 고려대 명예교수도 다음과 같이 수능의 한계성을 지적한 바 있다.

"(우수) 대학교에 입학한 학생들이 다시 수능을 봤을 때 불합격권에 드는 경우가 적지 않은데, 이는 수능이 암기력 테스트로 전락했다는 증거다."

김영석 경상대 일반사회교육과 교수도 다음과 같이 수능의 문제점을 비판한 바 있다.

"현재의 수능은 과거 김영삼 정부 시절 미국의 SAT처럼 학생의 사고력을 측정하겠다는 취지로 개발·도입된 시험이다. 그러나 사고력 측정은 허울에 불과했고 많은 지식과 기능을 반복 숙지하지 않고서는 문제를 풀 수 없다는 점에서 기존 학력고사의 한계를 벗어나지 못했다."

만일 윤석열 정부에서 수능 비중을 40% 이상으로 확대한다고 하면 타 대학에서도 서울대의 정시 모델을 도입할 수 있을 것으로 예상된다.

다음 표는 베리타스 알파에서 발표한 전국 10개 사립대학교 학업성취도 평가 결과이다. 왜 서울대학교에서 학종 축소를 꺼려서 정시에 학종 개념을 반영하는지 그 이유를 잘 보여 준다. 필자가 보기에 이제 학종은 대세이다. 한번 물꼬가 터진 이상 다시 시대를 거슬러서 수능 위주로 돌아가기는 힘들 것으로 예상된다.

전국 10개 사립대학교 학업성취도 평가 결과

학교명	1위	2위	3위	4위	5위
고려대	학종(3.48점)	특기자(3.47점)	교과(3.45점)	논술(3.38점)	수능(3.24점)
연세대	학종(3.33점)	교과(3.25점)	특기자(3.23점)	논술(3.1점)	수능(3.05점)
서강대	학종(3.2점)	특기자(3.04점)	논술(2.9점)	수능(2.89점)	–
성균관대	학종(3.61점)	논술(3.49점)	수능(3.41점)	특기자(2.71점)	–
한양대	학종(3.48점)	특기자(3.44점)	논술(3.41점)	교과(3.35점)	수능(3.25점)
중앙대	교과(3.48점)	학종(3.42점)	수능(3.26점)	논술(3.25점)	특기자(3.07점)
경희대	학종(3.09점)	논술(2.91점)	수능(2.82점)	특기자(2.8점)	–
한국외대	학종(3.3점)	특기자(3.31점)	교과(3.23점)	논술(3.03점)	수능(3.02점)
숙명여대	학종(3.22점)	교과(3.19점)	수능(3.12점)	논술(3.09점)	특기자(2.97점)
서울여대	학종(3.24점)	논술(3.06점)	수능(2.9점)	특기자(2.8점)	–

출처 : 베리타스 알파

TIP 생기부 반영 항목 축소는 오히려 기회가 될 수 있다

생기부 항목 중 미반영되는 항목이 늘어나면서 학부모나 학생들은 어떻게 학종을 대비해야 하나 고심할 것이다. 그러나 음지가 있으면 양지가 있듯이 불리하다고 생각되는 이면을 보면 이익이 되는 부분이 있다. 생기부 반영 항목 추세도 마찬가지이다. 어떤 부분이 이익인지 자세히 알아보자.

첫째, 학생들이 제일 당혹스럽게 생각하는 부분 중 하나는 수상 실적이 배제되는 것이다. 수상 실적은 서울대나 한양대를 비롯한 모든 대학에서 내신과 더불어 중요하게 평가한 항목 중의 하나이다. 그래서 많은 학생이 하나라도 더 수상 실적을 쌓기 위해 자신의 전공과 상관없는 대회도 참가해서 실적을 만들어 내려고 해 왔다. 학교에서도 이런 학생들의 고충을 해결해 주기 위해 대회와 상을 남발하고, 특정한 학생들에게 몰아주는 행태도 있었다

그러나 2024년부터는 이런 잘못된 관행에서 벗어날 수 있게 되었다. 다시 말하면 학교 수업에 충실하면 담당 과목 선생님들이 세특에 기재하고 이것이 더 큰 영향을 미치게 된 것이다. 학생들은 이제 수상 실적에 시간을 뺏기지 않아도 되니 향후에는 수업에 더 매진할 수 있게 된다. 특히 수상 실적이 아득하게만 보이던 중·상위권 학생들에게는 더 좋은 기회가 될 것이다.

둘째, 독서활동이 미반영되는 부분이다. 책 읽기를 싫어하는 이공계 학생들이 특히 좋아하고, 인문계열을 지망하는 학생들은 조금은 당황스럽게 여기는 항목이다. 그러나 좋아할 필요도 실망할 필요도 없다. 독서기록은 여전히 세특에서 과목 선생님들이 주요하게 생각하는 항목 중

하나이다. 독서활동란만 미반영되는 것이지 학생들의 탐구능력까지 미반영되지는 않는다.

다른 학생들이 독서를 게을리할 때 학종으로 가고자 하는 탐구심 많은 학생들은 자신의 과제나 진로와 관련 있는 있는 독서를 열심히 해서 세특에서 꼭 좋은 평가를 받길 바란다. 책의 권수를 채워야 하는 부담은 내려놓을 수 있으니 오히려 잘된 것이다. 예전에도 서울대에 합격한 학생들을 보면 책의 권수가 많은 것이 아니라 자신의 진로나 전공과 관련된 핵심적인 책을 어떻게 소화했는지 보여 준 학생이 많다.

셋째, 봉사활동은 개인별 특기사항은 미기재이지만 개인 봉사활동 실적은 미반영된다. 다시 말하면 개인별로 특기사항은 아예 기재되지 않고, 개인별로 봉사활동한 실적은 대학에 통보되지는 않지만 생기부에는 기재된다는 것이다. 봉사활동의 중요성은 기재, 미기재를 떠나 담임 선생님이 쓰는 행동특성 및 종합의견에서 인성 부분을 평가할 때 고려하는 중요한 요소 중 하나이다. 행동특성 및 종합의견은 추천서가 폐지된 요즘 추천서 역할을 하고 있다. 추천서에서 인성은 빼놓을 수 없는 요소이니 아무쪼록 봉사활동을 게을리하지 않기를 바란다.

정리하자면 예전과 다르게 학생들에게 부담으로 작용했던 요소들은 삭제되고 본질적인 부분만 남은 것을 알 수 있다. 즉 학생의 학업 적성과 탐구능력이 핵심이다. 이제 겉껍데기에 신경 쓰지 말고 신바람 나게 자신의 적성과 흥미를 쫓아서 학교생활을 즐기기 바란다.

PART
2

내신 3등급으로
상위권 대학
합격하는 법

내신 3등급으로
상위권 대학 합격하기

학종이 중·상위권 학생에게 유리한 이유

지금까지 일반고에 다니는 대부분의 학생은 학종은 자신과 상관없는 전형이라 생각해 왔다. 왜냐하면 내신이 극히 우수한 학생들만 좋은 생기부를 만들 수 있다는 분위기가 있었기 때문이다. 그러나 이제부터는 생기부에서 가장 중요하게 여겨졌던 항목 중의 하나인 수상 실적이 배제된다는 사실을 알아야 한다. 수상 실적 때문에 좌절감을 느꼈던 학생들에게는 그야말로 희소식이 아닐 수 없다. 구체적으로 중·상위권 학생들에게 학종이 왜 유리한지 살펴보자.

첫째, 학종은 수능처럼 1점 차이로 합격이 결정되는 구조가 아니고 내신의 폭이 넓어져서 중·상위권도 충분히 도전해 볼 수 있다. 내신에 블라인드 전형이 도입됨으로써 일반고 학생이 유리해졌다. 이전에는 대학에서 지원 학생들의 학교를 다 알 수 있었으므로 일반고 학생들은 특목고나 전국권 자사고 학생들보다 내신이 상당히 높지 않으면 동등한 대우를 받기 힘들었다. 그러나 블라인드 전형의 도입으로 이 부분에 대한 우려가 많이 해소되었다.

　2021년 경희대 고교연계전형 합격자와 불합격자 내신 분포도 표를 보자. 이 표를 보면 합격자의 대부분은 2등급 이내에 포진되어 있다는 것을 알 수 있다. 고교연계전형은 학생부 교과 30% + 서류평가 70%로 구성되었다. 즉 내신의 영향력이 30%였다.

2021년 경희대 고교연계전형 입시 결과

모집단위	합격자 평균 등급	지원자 학생부 교과 등급 분포 ○합격(충원합격 포함) ×불합격								
		1등급	2등급	3등급	4등급	5등급	6등급	7등급	8등급	9등급
국어국문학과	1.7	○○○○○○○○○××	×		×	×				
사학과	1.5	○○○○○○○××	×	××	×					
철학과	1.8	○○○○○	× ○○							
영어영문학과	1.6	○○○○○○×	××							
응용영어통번역학과	1.9		○○○○○○							
프랑스어학과	2.4		○○○	○						
스페인어학과	2.4		○○○ ○○○	×× ○×						
러시아어학과	2.3		○○○○○							
중국어학과	2.2		○○○○○×	○ ××		○	×			
일본어학과	2.2	○ ○○	○○○○○ ○	○						
한국어학과	2.4		○○○ ○							
글로벌커뮤니케이션학부	2.2		○○○○○○	○						
자율전공학부	1.7	○○○○○○○	×	×						
정치외교학과	1.6	○○○○○○○○ ○×								
행정학과	1.6	○○○○○○××		×						

출처 : 경희대학교 홈페이지

2021년 경희대 네오르네상스전형 입시 결과를 정리한 표를 보자. 네오르네상스전형은 고교연계전형과 달리 1단계에서 서류 100%로 선발하고 2단계에서 서류 70%와 면접 30%로 선발하였다. 즉 학생부의 영향력이 절대적으로 큰 전형적인 학생부종합전형이다.

네오르네상스전형 입결을 보면 합격생들의 내신 등급이 3~5등급 초반까지 골고루 분포되어 있다. 물론 5등급 내외의 합격생들은 외고나 국제고, 전국권 자사고 학생들로 추정되지만, 확실히 내신의 폭은 앞의 고교연계전형과 비교해서 상당히 넓은 것을 알 수 있다. 일반고 재학생들도 이 점을 잘 활용하면 학종으로도 상위권 대학에 갈 수 있다.

2021년 경희대 네오르네상스전형 입시 결과

모집단위	합격자 평균 등급	지원자 학생부 교과 등급 분포 ○합격(충원합격 포함) ×불합격
국어국문학과	2.5	
사학과	2.3	
철학과	2.5	
영어영문학과	2.9	
응용영어통번역학과	3.2	
프랑스어학과	4.0	
스페인어학과	3.7	
러시아어학과	4.3	
중국어학과	3.7	

일본어학과	4.2	
한국어학과	2.7	
글로벌커뮤니케이션학부	3.8	
자율전공학부	2.2	
정치외교학과	2.4	
행정학과	2.4	
사회학과	2.0	
경제학과	2.2	
무역학과	3.3	
미디어학과	2.0	

둘째, 수능은 N수생과 최상위권에게 유리한 구조이다. 2022년 서울대 정시 결과를 보자. 2022년 서울대 정시 합격자 중 20.5%가 N수생이다. 오랜 시간 수능 공부를 반복하여 변경된 내용을 추가로 대비할 여유가 많았던 N수생에게 유리한 상황인 것이다. 그래서 졸업하는 해에 합격을 노리는 학생들에게는 학종이 당연히 유리한 전형이다.

다음 표는 2022년 정시에서 이과 지원 학생이 인문사회계열로 교차 지원한 결과이다. 이 표를 보면 이과 학생이 우수한 수학 성적으로 대거 상위권 대학의 인문사회계열 학과에 합격했음을 알 수 있다. 이러한 현상은 정시일 때 발생한다. 즉 문·이과를 통합해서 시험을 보니 이런 결과가 나올 수 있는 것이다. 반면에 학종은 전공이나 계열에 따른 선택 과목과 그에 따른 학습 성과를 생기부에 기록

하는 것이다. 그래서 수능에서 좋은 성적이 나오는 것과 하등 상관이 없다.

2022년 정시 문·이과 교차 지원 사례

대학	학과	합격자 국수탐 백분위 합산(300점)	이과 지원 시 가능 대학
연세대	중어중문학과	277.0	건국대 화학, 홍익대 실내건축
연세대	국어국문학과	269.5	숭실대 건축, 서울과기대 화공생명공학
고려대	통계학과	282.5	서울시립대 컴퓨터과학부, 건국대 스마트ICT융합공학
춘천교대	초등교육	259.0	외대(글로벌) 통계, 서울여대 디지털 미디어
동국대	법학과	256.5	한국산업기술대 기계공학, 한양대(에리카) 건축
숙명여대	경영학부	255.5	가톨릭대 ICT공학계열, 외대(글로벌) 화학
단국대	무역학과	255.0	명지대 건축, 동덕여대 보건관리
한양대ERICA	경제학부	255.0	명지대 건축, 동덕여대 보건관리
인하대	정치외교학과	249.5	상명대 의류학, 가톨릭대 자연과학
인하대	영어영문학과	242.5	수원대 산업 및 기계공, 목포해양대 항해학부
인하대	경제학과	242.5	수원대 산업 및 기계공, 목포해양대 항해학부
가천대	경영학부	210.5	상명대(천안) 경영공학, 순천향대 전자공
고려대	경제학과	287.0	고려대 화학, 성균관대 반도체

출처 : 종로학원

셋째, 수능은 교육환경이 중요하게 작용하고, 학종은 개인의 의지가 중요하게 작용한다. 즉 수능은 흔히 교육특구라고 말하는 강남, 목동 등 사교육이 잘 발달되어 있는 학생들에게 유리하다. 시골이나 서울 등 대도시라도 학원이 발달하지 않은 지역의 학생들이 수능 성적을 잘 받는 것은 생각보다 힘든 일이다. 차라리 학교생활을 충실하게 한 자료, 즉 학생부를 바탕으로 대학 진학을 하는 것이 더 유리하다.

베리타스 알파에 게재된 논문 「배제의 법칙으로서의 입시제도」 (문정주, 최율, 2019)에 따르면, 주관적 계층의식이 '상층'인 경우 정시 선호 비율이 49.2%로 과반에 가깝다. 상층에서 학종이 불리하다고 본 이유는 최상위계층에 속하지 않은 대다수 상층이 최상위계층과 약자층 사이에 끼어 중간층과 치열하게 경쟁하기 때문이라고 분석했다. 하층의 경우 일관적으로 학종을 지지하는 것으로 나타났다.

모든 계층에서 중등 교육의 내실화에 대해 학생부종합전형을 더 선호한다는 결과는 학생부종합전형의 도입 취지에 어느 정도 공감하고 있음을 확인할 수 있다. 논문에서는 결론적으로 "학종과 정시를 둘러싼 계층 간 투쟁은 상층과 나머지 계층 간의 갈등이라기보다는, 극소수 최상층과 나머지 상층 간 갈등의 결과로 해석될 여지가 존재한다."고 밝히고 있다.

실제로 교육특구 지역에서 내신이 상위권인 학생들은 수능 성적도 높게 나온다. 이런 지역의 학교들일수록 내신을 쉽게 내면 변별력이 없어지므로 수능식으로 지필고사를 어렵게 출제하기 때문이다. 그러므로 내신이 좋은 학생이 수능 성적도 상위권으로 나올 확률이 높다. 이런 학생들은 자신의 진로와 관련하여 학교활동에 전념하기보다는 수능 쪽에 초점을 맞추어서 공부하는 것이 더 유리하다. 2023년부터는 정시 전형이 더 확대될 가능성이 크니 더욱더 수능 중심으로 학습할 경향이 높다. 중·상위권 학생들은 상위권과 최상위권이 정시 전형으로 빠지게 되니 이 기회를 살려 학종에 도전해 볼만하다.

02 | 합격 전략 STEP

내신 3등급 상위권 대학 합격 전략 STEP은 특목고나 전국권 자사고 재학생들에게 좀 더 유리한 것은 사실이나 일반고 재학생에게도 유용하다. 필자가 말하는 전략대로 따라 하면 자신이 원하는 상위권 대학에 진학할 수 있으니 자신감을 가지고 임하길 바란다.

필자의 합격 전략을 간단히 정리하면 다음과 같다.

이제 3가지 STEP이 무엇이고 어떻게 실행해야 하는지 자세히 알아보자.

| 1 | 적성파악의 단계

논문 「대학생의 진로 결정수준과 개인의 내·외적 변인과의 관계」(김민배·문승태, 2004)에 따르면 외적 요인에 의해 전공을 결정한 학생은 대학 진학 후 대학에 대한 만족도가 낮아지고 결국 대학 적응 과정에서 어려움을 겪는 것으로 나타났다. 이와 함께 대학 전공 선택 기준을 내·외적으로 나누어 살펴본 연구에서는 선택 요인을 타인의 권유, 성적과 같은 외적인 것이 아닌 자신의 적성과 흥미와 같은 내적 요인을 먼저 고려할 경우 진로 결정 수준이 높아진다고 보고되었다. (임은미·박승민·엄영숙, 「대학생의 진로미결정 수준과 전공만족도, 전공 및 직장선택 기준의 차이」, 『청소년학연구』, 2009) 즉 전공 선택이나 진로 선택은 외부 요인이 아닌 자기 스스로 결정하는 것이 대학에 진학했을 때 만족도가 높다는 것이다.

그러면 적성파악은 어떻게 해야 할까? 요즘은 다중지능검사와 MBTI 등 다양한 심리검사가 있고 나름 유용하다. 필자는 다중지능검사, 생기부, 그리고 교과 테스트를 통해 진로 및 전공 결정에 도움을 주고 있다. 지금까지 필자가 진행해 온 바로는 과목별 적성을 통한 진로 결정이 가장 유용했다.

논문 「교과 적성이 고등학생의 진로 결정수준에 미치는 영향」(곽수란, 2020)에 의하면 언어/사회, 수학/과학, 예·체능 적성이 진로활동에 미치는 영향은 언어/사회적 효과가 확인되며, 남학생과 여학생 집단에서 공통으로 나타났다. 진로활동과 자아 정체감 그리고 학업 성적이 진로 결정 수준에 미치는 영향은 통계적으로 유의한 정적 효과를 나타내며, 이는 남학생과 여학생 집단에서 공통으로 나타났다.

다시 말하면 자신이 잘하는 과목과 관련된 전공을 선택하는 경향이 강하고, 그것이 고등학교 학생들에게는 효과적인 방법이 될 수 있다는 것이다. 학교 성적표를 보면 대체로 학생이 좋아하는 과목과 싫어하는 과목을 알 수 있는데, 대부분은 자신의 적성과 선호 과목이 일치하는 것을 볼 수 있다. 간혹 과목 성적과는 별개로 진로 적성이 나타나기도 하므로 좀 더 자세히 학생들의 적성을 살펴볼 필요성이 있다.

| 2 | 진로, 전공 설정

교과목 성적, 심리검사 등을 통해서 자신의 적성을 탐색했으면 다음 단계는 대학에서 자신이 전공할 영역을 설정할 필요가 있다. 대학별로 근래 주목받는 특색 학과를 살펴보면 다음과 같다. 일반적으로 많이 알려진 학과는 따로 설명하지 않아도 이미 알고 있으니 여기서는 생략하기로 한다.

건국대학교

글로벌비즈니스학과

- 글로벌 마인드를 가진 국제전문인력 양성과 국제화 관련 커리큘럼 개발 및 운영을 목표로 2008년 4월 국제학부로 설립되었다. 2011년 3월부터 중국 통상·비즈니스 전공을 신설했다가 2016년 3월부터 글로벌비즈니스학부로 명칭을 변경하였다. 2016년 3월부터 중국인 유학생도 본 학과에서 수학할 수 있다.
- 2018년 3월부터 사회과학대학 글로벌비즈니스학과로 소속이 변경되었다. 21세기 세계의 중심으로 떠오른 중국의 통상 및 비즈니스에 특성화된 학과이다. 이러한 목표를 달성하기 위해 글로벌비즈니스 전문가, 영어·중국어가 동시에 가능한 인재 양성을 추구한다. 특히 중국 남경대학과 2+2 복수학위과정을 운영한다.

기술경영학과

- 기술과 혁신을 통한 기업 및 국가의 경쟁 이외의 확보 방안을 다루는 새로운 학문 분야이다.
- 국내 최초의 기술경영학과로서 전공 학생은 경영학의 핵심 분야에 대한 폭넓은 이해를 바탕으로 기술경영(MOT)의 이슈, 분석들 및 방법론을 학습하고 기업 및 공공 부문에 대한 응용능력을 습득하도록 한다.
- 국내 최고의 교수진을 바탕으로 해외 저명 대학들과 긴밀한 협력을 통해 세계 수준의 기술경영을 교육한다.
- 졸업생들은 국내외 기업과 연구소, 공공연구기간, 정부부처, 지방자치단체, 정부 및 지자체 산하단체의 기술경영, 기술기획, 기술전략, 기술마케팅 등 기술과 경영이 접목된 다양한 분야로 진출할 수 있다.

KU융합과학기술원

- 미래 산업을 이끌어 갈 융합과학기술의 메카이다. 교육부 산업 수요 맞춤형 사업(PRIME 사업)의 대표 대학으로 바이오계열과 공학계열 각 4개씩 총 8개의 선도 학과로 구성된다.
- 바이오 분야는 인류의 의료/건강/먹거리 산업을 책임지고 눈부시게 성장하고 있다.

건국대 바이오 분야 중 대외 경쟁력이 우수한 줄기세포재생공학, 의생명공학, 시스템 생명공학, 융합생명공학의 4개 학과 및 공학계열 중 4차 산업혁명 시대를 이끌어 갈 분야인 미래에너지공학, 스마트운행체공학, 스마트ICT융합공학, 화장품공학의 4개 학과로 특성화하여 신산업 수요에 적합한 인재 양성을 목표로 노력한다.

생명과학특성학과
- 생명과학은 생명 현상을 체계적 이론을 토대로 실험적으로 검증해 가는 기초과학의 한 분야로서 생명 현상에 대한 합리적 이해와 설명을 하는 학문이다.
- 인접 생물학 및 생명공학계에 그 기초를 제공하는 동시에 그들의 학문적 발전에 선도적 역할을 담당한다.

경북대학교

말/특수동물학과
- 국내 4년제 국립대 중 유일하게 말(馬)과 반려동물, 야생동물, 실험동물과 관련된 통합 교육 커리큘럼을 제공한다.
- 심도 있는 이론 교육은 물론 생동감 넘치는 실습 교육을 함께하며 말/특수동물 산업의 전문가와 지도자를 양성한다. 특히 체계화되고 전문화된 대학원 교육 프로그램과 함께 관련 산업의 발전을 견인하기 위해 연구 개발에 앞장서고 있다.

경희대학교

국제학과
- 국제정치와 동아시아지역학, 국제 경제 및 글로벌 비즈니스, 그리고 국제개발협력 분야를 넘나드는 다양한 교육과정을 영어로 운영한다. 아울러 세계 각국의 유수 교육기관을 대상으로 한 국제학과만의 교환학생과 전공연수, 복수학위 프로그램을 운영 중이다.
- 국제화 시대에 걸맞은 국제적 시각과 지식을 바탕으로 국제기구, 정부 기관 및 비

정부 단체, 학계(법학전문대학원 포함), 언론사, 그리고 국내외 글로벌 기업에서 활약할 인재를 양성하는 것을 교육 목표로 한다. 이를 위해 5개의 세분화된 전공 심화 트랙을 운영하며, 국제대학원과의 연계를 통해 더욱 전문화된 교육을 받을 기회도 제공한다.

소프트웨어융합학과

- 제4차 산업의 거대한 세계적 흐름을 선도하기 위하여, 신산업과 신학문을 선도하고, 미래 사회를 선도적으로 이끌어 나가는 인재 양성에 교육의 목표를 둔다.
- 소프트웨어를 기반으로 혁신적으로 발전할 융합 분야를 선정하고, 분야별로 전문화된 융합 전공 지식과 특화된 소프트웨어 개발 능력을 교육함으로써 목표한 융합 분야에서 바로 창업하거나 실무가 가능한 글로벌 리더급 인재를 양성한다.
- 스스로 문제를 정의하고, 필요한 지식을 전공과 상관없이 자기주도적으로 학습하며, 문제 해결을 위해서 다양한 전공의 사람들과 함께 프로젝트를 수행함에 주저하지 않는 '융합이 심장에 박혀 있는 Solution Provider'를 양성한다.

글로벌한국학과

- 한국, 더 나아가 아시아 전문가를 양성하고자 신설하였다. 내외국인 학생들을 대상으로 영어로 운영되는 학부 과정이다. 경영경제, 예술디자인, 한국어 및 문학, 정치와 사회 전공 트랙 이수가 가능하다. 졸업 후 한국 및 아시아를 포괄하는 글로벌 기업, 데이터 분석 및 개발, 국제기구, 콘텐츠 개발, 한국학 학자, 산업 및 문화정책 등 다양한 분야에 진출할 수 있다.
- 학제 간 이론을 융합적으로 학습할 수 있는 다양한 교육과정을 통해 21세기 글로벌 시대에 한국과 아시아와 관련된 폭넓은 의제에 능동적·창의적으로 대응, 참여할 수 있는 전문 인력 양성을 목표로 한다.

골프산업학과

- 골프 관련 실기와 이론을 병행할 수 있다. 골프 산업 및 경영 과목 등 과학적이고 체계적인 교육을 통해 골프 산업 분야의 전문인으로서 소양을 갖추어 나가게 한다.
- 골프 프로, 지도자, 골프장 관리, 경영의 4가지 분야를 학습한다. 그 분야별 전문 교과목을 개설하여 골프 산업 현장에 부합한 현장 맞춤형 교육을 제공하는 데 목적을 둔다.

융합에너지신소재공학과

- 기존의 금속/재료/세라믹/고분자 재료를 바탕으로 한 미래 성장 동력 산업으로 최근 가장 각광받는 분야인 나노 소재, 에너지 소재, 전자/정보 소재의 3개 분야로 구성되어 있다.
- 각각의 소재에 대한 제조 공정 및 특성에 대한 이해를 바탕으로 다양한 공학 분야(BT, IT, NT, CT, ET, ST)에서 요구되는 소재의 개발 및 사용에 적합한 물성을 다룬다. 미래 산업 사회가 요구하는 신소재를 개발하기 위해서는 각 소재의 구조와 성질을 구분하는 기본 이론과 원리에 대한 이해가 요구된다. 저학년에서는 전공 필수 과목을 통하여 전공 기초지식을 확고히 다질 수 있게 하고, 고학년에서는 전자정보 소재, 첨단구조 소재, 환경/에너지 소재 및 바이오 소재 등의 전공 분야에 적용될 수 있는 전공 선택 과목을 적절히 이수하게 함으로써 각 분야에 대한 다양하고 체계적인 교육을 받을 수 있다.

북한학과

- 북한을 포함한 사회주의국가들의 정치, 경제, 사회, 문화 전반에 관한 전문지식과 평화체제로의 이행을 체득하여 북한 및 남북한 관계에 대한 심도 있는 연구를 선구적으로 수행할 수 있는 연구자를 양성한다.
- 사회에서 요구하는 남북한 교류 협력 및 통일 관련 전문 인력(통일교육 요원, 통일행정 요원)과 북한개발지원 전문가(북한개발행정 요원, 북한전문 NGO 요원) 등 북한학 전문가를 양성하는 것을 목표로 한다.

바이오환경과학과

- 지구 3대 환경 협약인 생물 다양성, 기후 변화, 사막화 방지 등 지구 환경 문제를 해결하고, 21세기 바이오산업 시대에 발맞추어 인재 양성을 목적으로 새롭게 탄생한 학문 분야이다. 바이오 자원을 활용하여 인류 발전에 기여하고, 이를 실현하기 위해 생명공학기술(BT), 환경기술(ET), 정보화기술(IT), 나노기술(NT) 등 최첨단 과학기술을 융합시켜 환경 문제를 해결하기 위해 이론을 정립하고 새로운 기법을 개발

하는 응용과학이다.

- 중점 연구 분야는 바이오 자원 기술 개발, 식물 유전자원 다양성 보존 및 이용, 환경 생명공학을 활용한 자생식물 증식 보전기술 개발, 환경정책 수립, 훼손된 생태계 복원기술 개발, 바이오에너지 및 친환경 소재 개발을 통한 바이오산업 육성 등 최근 국제 사회에서 새로운 이슈로 등장한 기후 변화 대응을 위한 환경과학기술 개발이다.

의생명공학과

- 건강한 수명 연장의 꿈을 이루기 위한 전문지식을 습득하고 21세기를 능동적으로 이끌어 나갈 수 있는 미래지향적인 의생명공학 전문 인재 양성을 목표로 한다. 바이오메디컬 융합 신기술 분야의 발전을 견인할 우수한 인재를 양성하기 위하여 재생 융합 바이오 및 건강관리장치 분야를 집중적으로 교육한다.

서강대학교

국제한국학 전공

- 어떻게 한국이 이렇게 될 수 있었는지, 현재의 한국은 어떠한지, 앞으로 한국은 어떻게 나아가야 할지를 공부하고 이를 세계인들과 공유할 수 있는 인재를 양성한다.
- 4년 동안 미국식 Liberal Art 교육을 통해 향후 어떤 문제도 스스로 해결할 수 있는 능력을 갖출 수 있게 한다. 전공과정은 학생들의 희망에 따라 차별적인 로드맵으로 구성된다. 한국의 사회와 문화를 포괄적으로 이해하는 기초과정을 학습하는데 그 과정에서 인문학과 사회과학을 통합적으로 배우게 된다. 그러면서 학생들은 자신들이 장래에 무엇을 할 것인지에 대한 목표를 세우게 된다.

아트앤테크놀로지 전공

- 애니메이션, 게임, 사운드, 스토리, 코딩, 기획 등 세부적인 커리큘럼으로 구성된다. 전 세계의 다양한 크리에이티브 산업군으로 진출시키기 위해 대부분의 강의가 영어로 진행된다.
- 누구든지 협업을 통해서 개발자, 디자이너, 기획자가 될 수 있으며 언제든지 다양한 분야의 창작자로 자신의 꿈을 이룰 수 있다. 해외 탐방, 공동 창작을 통해 새로운 결

과물을 만들어 내는 'Small Start-Up Idea Group', 'Imagination Start-Up Idea Contest'를 통해 창업까지 도전할 수 있다.

반도체학과

2023년 개설 예정인 SK하이닉스 취업 전제 계약학과이다.

서울시립대학교

세무학과

- 기업과 행정 분야에 필요한 유능한 인재의 양성을 목표로 하여 전국 4년제 대학 중에서 처음 설치되었다. 교양과 인접 학문(회계학·법학·경제학·재정학 등)의 튼튼한 기반 위에 세무전문지식을 쌓도록 하고, 세무학의 학문적 정립을 이념으로 삼는다. 유능한 세무학도의 양성은 물론 사계의 선구자적 위치에서 세무학 분야의 본산을 이루도록 한다.
- 이러한 목표를 달성하고 세무학의 학문적 정립을 모색하기 위해 세무학개론·조세행정론·세무경영론·세무세미나, 법학 관련 과목인 민사법·조세법총론·조세절차법·법인세법·부가가치세법·지방세법·관세법, 회계학 관련 과목인 세무회계원리·세무회계, 재정학 관련 과목인 미시조세론·거시조세론·조세경제론·지방세론, 국제조세 관련 과목인 국제조세법·비교조세법 등의 교과목을 개설한다.

교통공학과

- 서울시립대학교는 도시과학 특성화 대학으로서 교통부문이 차지하는 비중이 매우 높다. 특히 대도시 교통 문제는 매우 심각한 실정이다. 서울시립대학교는 서울시의 사례를 바탕으로 현실적인 대안을 제시하고 적용할 수 있는 여건이 성립되어 있어, 학생들이 이론과 실무를 동시에 습득할 수 있는 체제를 갖추고 있다.
- 사회가 요구하는 이론과 실무를 겸비한 실질적인 전문 인력을 양성하는 것이 핵심 목표이다.

성균관대학교

바이오메카트로닉스학과

- 바이오, 기계, 전자 기술을 접목한 융합학문인 바이오메카트로닉스 분야는 세계적
  으로도 태동기에 있다.
- 대표적인 바이오 융합 연구 및 산업 분야 예시로는 생체 모방 기술과 정보화, 생육
  환경의 측정 및 제어 등에 요구되는 바이오센서, 무선 원격제어 및 로봇 시스템, 생
  체신호 처리, 생체 시스템의 모델링, 동맥경화 진단 및 인공관절의 설계 등에 이용
  되는 생체역학, 초음파, CT, MRI, 현미경 영상 등을 이용한 새로운 의료 영상신호
  처리 및 분석, 의수 및 의족 등을 개발하는 재활 공학, 인공심장 등과 같이 인체 기
  관의 기능을 대신할 수 있는 인공장기 분야는 전 세계적으로 시장이 확대되고 있다.
- 바이오메카트로닉스학과와 관련한 기존의 산업 분야로는 반도체, 생활 전자, 자동
  차, 배터리 화학, 제약, 식품, IT, 게임 등이 있다. 인간 삶의 질적 향상을 위하여 건
  강과 복지에 관한 사회적 관심이 증가하고 있으며, 앞으로도 지속적인 발전이 예상
  된다.

숙명여자대학교

르 꼬르동 블루 외식경영전공

- 2007년 세계 최고의 호스피탈리티 산업 브랜드인 르 코르동 블루와의 협약에 의해
  신설된 학부 교육과정이다. 시대적 요구에 부합하는 교육과정과 노하우로 대한민
  국 최초, 세계 최고의 외식경영 전문 인력을 양성한다.
- 이 과정을 수료하면 세계적으로 인정받는 Le Cordon Bleu Hospitality BA
  Certificate와 숙명여자대학교 학사 학위를 동시에 취득할 수 있다. 입학과 동시에
  Le Cordon Bleu Global Community에 소속되며, 세계 각지에서 LCB BA 경력
  을 인정받을 수 있다.

글로벌서비스학부

- 글로벌 경영 환경에서 다양한 문화에 대한 이해 및 창의성을 바탕으로 전문적인 업무 수행이나 신사업 기획을 주도할 수 있는 여성 인력을 양성한다.
- 글로벌 협력전공은 글로벌 현장과 관련된 업무에 졸업 후 즉시 투입되어 글로벌 전략을 기획하고, 다국적 기업의 국제 업무나 시장 개척, 대사관·국제기구·국제매체 등에서 글로벌 업무를 수행할 전문 인력 양성을 목표로 한다.
- 앙트러프러너십 전공에서는 기업가적 사고와 혁신적 발상을 제고하는 교육을 통해 실제 창업이 가능한 글로벌 경영 리더를 육성하는 것이 목적이다. 졸업 후 실제 글로벌 시장을 대상으로 한 창업이나 글로벌 다국적 기업의 신사업 기획부서에서 업무에 바로 투입될 수 있을 정도의 기획 능력과 실무 능력을 갖춘 인재를 양성하고자 한다.

연세대학교

시스템반도체학과

2021년 신설된 삼성전자 취업 연계형 특성학과이다.

인공지능학과

- 2019년 인공지능대학원, 2022년 학부 학과인 인공지능학과를 설립하였다. 인공지능 분야 세계 최고 수준의 전문가 양성을 목표로 한다.
- 컴퓨터 프로그래밍, 수학, 알고리즘, 통계학 등 기본 교과과정의 토대 위에 기계학습, 빅데이터, 컴퓨터 비전, 로봇 공학, 자연어 처리, 인간–컴퓨터 상호 작용 등 인공지능 최신 기술에 대한 체계적 커리큘럼을 제공한다.
- 국내 최대의 종합대학이라는 이점을 살려 타전공과의 다양한 융합 프로그램들을 제공함으로써 결과적으로 졸업생들이 인공지능의 코어 기술뿐만 아니라 인공지능의 철학적 담론들부터 인공지능이 사회에 미칠 윤리적 영향까지 고찰할 수 있도록 한다.

을지대학교

장례지도학과

국내 최초로 개설되었다. 우리나라의 전통 의례와 문화에 대한 사상과 역사적 배경 및 변천 과정에 대한 학습, 현대 사회가 요구하는 현대의례와 장례 서비스 산업의 장사 행정 및 관리 체계, 기타 유족 심리 및 사회복지 등 실용학문으로서의 심화 연구를 통해 학문적 성과는 물론 관련 산업의 발전에 중추적 역할을 담당한다.

이화여자대학교

스크랜튼대학

- 2007년 21세기 지식 정보화 사회를 선도해 나갈 글로벌 전문 인력을 양성하기 위해 설립되었다.
- 융합적 학문을 포괄하는 스크랜튼학부, 뇌·인지과학부, 국제 전문 인력 양성을 목표로 하는 국제학부가 있다.

휴먼기계바이오공학 학부

- 다양한 학문 분야의 융합을 통한 시너지 효과를 기반으로 첨단 바이오 헬스 산업 분야에 새로운 패러다임을 제시하는 선도 기술을 연구한다.
- 의학, 공학, 정보학 등 기초 교육과정을 기반으로 융합기계공학, 의생명공학, 바이오 데이터 공학 분야의 융·복합 교육 및 산학 연계 인턴십 프로그램과 같은 산업 밀착형 공학 교육과정을 이수해야 한다. 이를 통해 첨단 의료기기, 지능형 로봇, 빅데이터, 바이오 인포매틱스, 생체공학, 바이오센서 등 다양한 바이오산업 분야에서 필요로 하는 제반의 실무 능력을 갖춘 융합형 인재로의 성장을 목표로 한다.

국제사무학과

글로벌 환경에서 필요로 하는 사무 운영 전반에 관한 전문지식과 정보관리 능력, 커뮤니케이션 능력을 두루 갖춘 전문적인 인재를 키우는 것을 목표로 한다.

한국외국어대학교

LD학부

외교관, 국제기구 진출 인재 양성을 목표로 한다. 옥스퍼드대학 속의 Honour School, 소르본대학 속의 Grandes Ecoles(CELSA)처럼 국내 최초이면서 유일한 고급 전문지식 교육 프로그램이다. 오바마 미국 대통령도 인정한 바 있는 국내 최고의 외국어 교육, 전통적으로 외교통상 분야에서 강세를 보이는 한국외대의 학문적 특성, 국내 제1의 글로벌 교육 프로그램과 외교부 내의 강력한 동문 파워 등이 총체적으로 집약되어 있다.

LT학부

무역 당사국 간의 FTA 협상은 물론 다자간 교역 협정에 이르는 수많은 통상·분야의 협약, 글로벌 경제 환경의 변화에 필요한 통상 전문가 양성을 목표로 한다.

EICC학과(구 영어통번역학과)

영어-한국어 통·번역에 적성과 자질을 갖추고 적극성을 겸비한 인재들에게 최적화된 학과이다.

한양대학교

데이터사이언스 전공

데이터를 분석하는 방법뿐만 아니라 새로운 데이터 소스(예: 아두이노스, 3D 프린팅, 마이크로 전자 장치, 가상현실)를 수집하기 위한 시스템을 구축하고, 대화형 시스템을 만들고, '데이터에 관한 이야기'를 통해 더 나은 결정을 내리는 방법을 배울 수 있다.

미래자동차공학과

- 미래자동차의 새로운 패러다임에 부응할 수 있는 학제 간 융복합 핵심 기술 인력과 미래의 산업체에서 필요한 융복합 기술을 습득한 전문 인력을 양성하고자 한다.
- 환경 및 인간 친화형으로 대변되는 미래자동차(그린카, 스마트카) 개발을 위해서는

기계공학, 전기/전자공학, IT/소프트웨어 등 다양한 분야의 기술융합이 필수적이다. 이 분야의 융복합 기술을 중점적으로 교육하여 창의적인 글로벌 기술 인력을 양성하고자 한다.

| 3 | 진로 선택 과목 설정

이제 자신의 전공을 설정했으면 본격적으로 진로에 유리한 과목을 설정해야 한다. 대부분의 고등학교 커리큘럼에는 2학년부터 진로 선택 과목을 학생들이 스스로 정하도록 되어 있어 1학년 여름방학 이전에 진로 선택 과목을 설정해야 한다.

자신의 장래 진로와 대학에서 전공할 영역을 설정하지 못한 학생은 진로 선택 과목 설정에 어려움을 겪을 가능성이 크다. 자신의 적성 파악이 중요한 이유이다.

다음 표는 건국대, 연세대, 중앙대, 경희대, 한국외대에서 공동으로 연구한 자료이다. 과목 선택 시 참고하기 바란다.

희망 계열별 진로 선택 과목(고등학교 교사 선정)

계열	인문계열	사회계열	자연계열	공학계열	의학계열
필요성이 50% 이상인 과목들	실용 국어 실용 영어 진로 영어 사회문제 탐구 고전과 윤리	심화 국어 실용 영어 영어권 문화 진로 영어 고전과 윤리	과학사 생활과 과학	지구과학II	기하 수학과제 탐구 물리학II 융합과학
필요성이 70% 이상인 과목들	심화 국어 고전 읽기 영어권 문화 영미 문학 읽기	경제 수학 여행 지리 사회문제 탐구	기하 수학과제 탐구 물리학II 화학II 생명화학II 지구과학II 융합과학	기하 수학과제 탐구 물리학II 화학II 생명화학II 융합과학	화학II 생명화학II

출처 : 건국대·연세대·중앙대·경희대·한국외대 공동 연구,
「학생부종합전형 공통 평가요소 및 항목 개선 연구」, 2022.

다음 표는 진로 선택 과목을 입시에 반영하는 대학과 미반영하는 대학이다.

진로 선택 과목 반영 대학

대학	반영 과목 수	성취도별 환산 등급		
		A	B	C
건국대	반영 교과 기준 성취도 상위 3과목	미발표		
경희대	반영 교과 해당 과목 중 상위 2과목 (교과 점수 중 20% 반영)	미발표		
고려대	전체	성취도별 비율을 환산한 등급		
상명대	우수 최대 3과목	1	3	5
서강대	전체(교과 점수 800점 중 100점 반영)	성취도별 비율을 환산한 점수		

서울과기대	자연계열 모집단위 가산점 부여 (기하, 과학II 과목)	가산점 적용		
성균관대	학생부 점수 중 20%를 진로 선택 및 전문 교과 정성평가	정성평가		
세종대	전체	원점수를 환산한 등급		
숙명여대	전체	1	2	4
숭실대	전체	1	2	3
연세대	전체(교과 점수 중 20% 반영)	성취도를 환산한 점수		
이화여대	전체	원점수, 평균을 환산		
인천대	이수단위 합산에 따른 가산점 부여	가산점 적용		
중앙대	전체(교과 점수 중 10% 반영), 지역균형전형만 반영	미발표		
한양대	우수 최대 3과목	미발표		

출처 : 베리타스 알파

진로 선택 과목 미반영 대학

대학
가톨릭대, 경기대(수원), 광운대, 국민대, 단국대(죽전), 동국대, 동덕여대, 서울시립대, 서울여대, 성신여대, 인하대, 아주대, 한국산기대, 한국외대

*한성대 : 진로 선택 과목 반영 여부 미정
*출처 : 유웨이 교육평가연구소

희망 계열별 진로 선택 과목의 이수 필요성

(단위: %)

구분	진로 선택 과목	인문계열	사회계열	자연계열	공학계열	의학계열
국어	실용 국어	59.2	43.5	34.7	31.3	29.3
	심화 국어	89.8	52.4	8.2	8.8	14.3
	고전 읽기	94.6	46.3	8.2	7.5	13.6
수학	실용 수학	32.0	34.0	39.5	29.9	22.4
	기하	1.4	3.4	76.2	88.4	57.8
	경제 수학	16.3	83.0	31.3	19.7	9.5
	수학과제 탐구	10.9	28.6	85.7	73.5	54.4
영어	실용 영어	67.3	55.1	46.3	45.6	44.2
	영어권 문화	82.3	66.0	12.9	12.2	15.6
	진로 영어	65.3	52.4	25.9	25.2	28.6
	영미 문학 읽기	85.7	45.6	10.2	9.5	12.9
사회	여행 지리	42.9	84.4	14.3	8.2	6.8
	사회문제 탐구	51.0	96.6	15.0	13.6	17.7
	고전과 윤리	68.7	66.0	10.9	11.6	26.5
과학	물리학II	0.0	0.0	83.0	92.5	50.3
	화학II	0.0	0.0	93.2	85.0	87.8
	생명과학II	0.0	0.0	90.5	74.1	93.2
	지구과학II	1.4	2.0	89.1	65.3	34.0
	과학사	22.4	29.3	69.4	44.9	36.7
	생활과 과학	39.5	44.2	55.1	45.6	41.5
	융합과학	14.3	14.3	72.1	74.8	58.5

출처 : 건국대·연세대·중앙대·경희대·한국외대 공동 연구,
「학생부종합전형 공통 평가요소 및 항목 개선 연구」, 2022.

표에서 알 수 있듯이 일반고에서는 진로 선택 과목의 범위가 한정적일 수밖에 없다. 그래서 일반고에서는 진로 과목 선택보다 수행과제와 내신에 따른 세부능력 및 특기사항의 내용이 더욱더 강조된다.

생기부와 자소서의 일체화

생기부와 자소서의 일체화는 학종의 중심 테마이다. 자소서가 폐지되는 관계로 일목요연하게 정리된 자신의 장점을 보여 줄 수 없게 되었다는 것이다. 이제부터는 자소서에 담았던 자신의 진로 연계 활동을 생기부 안에서 보여 주어야만 입학사정관들이 판단할 수 있게 되었다.

생기부 내의 활동을 하면서도 항상 자신의 진로를 생각해 보고 도움이 되는 활동을 찾아서 해야 한다. 수행과제를 하더라도 자신의 장래 진로와 연계해서 작성하는 것이 유리하며, 동아리 선택은 더 말할 나위도 없다. 이제는 생기부가 자소서라는 마음으로 학교활동을 하기 바란다.

현재 자소서가 어떻게 구성되어 있는지를 알면 필자가 위에서 말한 것을 쉽게 이해할 수 있을 것이다. 기존 자소서를 이해하고 나서 자소서와 생기부의 일체화 전략을 구체적으로 알아보도록 하자.

01 | 2024년 대학 입시부터는 생기부가 자소서이다

정권이 바뀌어도 2024년 대입부터 자소서를 폐지하기로 한 결정이 바뀌지는 않을 것이다. 자소서가 없어지면 자신의 학습 과정을 일목요연하게 표현하기 어려워지고 대학 당국에서도 선발에 대해 고민을 할 것이다. 이제는 자소서의 한 방보다는 3년간에 걸쳐서 축적된 내 노력의 합이 더 중요해진 것이다. 그래서 학종은 성실한 학생이 유리하다고 얘기한다. 이제부터라도 자신의 진로와 적성을 맞춘 전공을 선정하고 거기에 맞게 학교생활을 하도록 해야 한다.

대부분의 대학에서는 학생부로 학생을 평가할 때 학업성취도, 인성, 발전 가능성의 3개 영역을 집중적으로 살펴본다. 한마디로 전 영역이다. 서울대는 전공과목과 관련된 과목별 학업성취도가 아니라 전 과목의 학업성취도를 반영한다고 한다. 그래서 학종으로 대학 진학을 원하는 학생들은 내신과 전공 관련 과목 그리고 세특에 각별히 신경을 써야 할 것이다.

그런데 이렇게 전 영역을 다 챙기려고 하다 보니 아예 포기하는 학생이 생겨나곤 한다. 그래서 필자는 학생들에게 영역을 좁히고 싶으면 자신의 적합 전공을 빨리 파악하고 맞춤형 학습을 하라고 권한다. 그러면 자신의 필요 영역만 하면 되기 때문에 한결 수월한 느낌을 가질 수 있다. 뒤에서 소개할 합격생들의 자소서 샘플을 보면 어떤 자소서가 높은 평가를 받았는지, 이런 자소서에 맞게 생기부를 어떻게 꾸며야 할지 알 수 있을 것이다.

생기부는 자율활동, 동아리활동, 봉사활동, 진로활동이 중요하다고 지금까지 말해 왔다. 그러나 2024년부터 생기부 항목이 축소되고 삭제되고 대입에 미반영되면서 생기부의 중요성이 많이 희석되었다고 말한다. 그러면 앞으로 어떻게 해야 나의 우수성을 대학 입학사정관들에게 보여 줄 수 있을까?

필자는 그게 바로 세부능력 및 특기사항의 핵심이라고 생각한다. 물론 내신이 좋은 학생이 세부능력 및 특기사항도 좋겠지만 모든 과목의 내신이 다 우수한 학생은 드물다. 내신이 좋지 않은 학생이라도 특정 과목은 뛰어날 수 있다. 그 뛰어난 과목을 중심으로 자신의 미래를 설계하고 대학 전공 및 계열을 선정하길 바란다.

학종은 학생부 교과처럼 평면적으로 전체 과목의 내신만을 계산하는 전형이 아니다. 전공적합성을 보고 계열적합성을 따져 가면서 대학에서 우수한 인재라고 판단할 만한 자질을 가진 학생을 선발하는 전형이다.

생기부에서 자신이 얼마나 주도적으로 학습을 하였는지, 어떤 분야에 관심이 있었고 얼마나 열정적으로 공부를 했는지를 드러내야 한다. 그래서 교과 내용에 대한 학습과 평소 태도 외에도 다양한 활동을 통해 자신의 모습을 증명하는 노력이 중요하다.

여기서 우리가 제일 먼저 중요하게 생각해야 할 것은 학생 본인의 적성을 파악해야 한다는 점이다. 종종 우리는 적성을 무시하고 내신 성적이나 모의고사 성적에 맞추어서 대학의 전공이나 계열을 결정하고 대학을 선택하는 경향이 있다. 학종은 수능과 달리 옷에 몸을 맞추는 것이 아니라 자신의 몸에 맞는 옷을 선택하는 전형이다.

일단 자신의 적성을 먼저 파악해야 학교생활에서 의미 있는 활동을 기록할 수 있다. 적성을 파악하는 자세한 방법은 PART 3에서 자세히 다룰 것이니 참고하기 바란다. 적성을 파악해야 학교에서 어떤 동아리를 선택하고 진로 과목을 선택할지 기준을 세울 수 있다.

두 번째는 자신의 적성을 바탕으로 한 전공 또는 계열 선택이다. 여기서 학종과 수능전형의 차이점이 극명히 드러난다. 학종을 선택한 학생은 자신의 미래 전공에 맞는 학교활동을 하려고 노력한다. 진로 선택 과목도 자신의 전공에 유리한 과목을 선택하고, 수행과제도 가급적 자신의 미래 계열과 연관 지어서 작성한다.

반면에 수능으로 대학에 진학하는 학생들은 수능 성적표를 받고 나서야 비로소 자신의 전공이나 학과를 선택하려는 성향이 강하다. 자신의 적성보다는 대학 브랜드, 인기 학과 위주로 선택하는 것을 종종 본다. 그러다 보니 대학에 진학하고 나서 학과를 바꿔야 하는지 고민하는 모습도 볼 수 있다. 이것은 자신의 적성을 고려하지 않았기 때문이다. 그래서 길게 봤을 때 학종이 절대적으로 유리하다.

세 번째는 학교 선택이다. 예를 들면 서울대에도 컴퓨터 관련 학과가 있고 연세대에도, KAIST에도 있다. 중요한 것은 자신의 적성과 미래 계획에 맞는 커리큘럼을 가진 학교를 잘 살펴보고 결정해야 한다는 것이다. 일반적인 평판에만 의존해서 학교를 선택하기보다 자신이 가고 싶은 학과의 교수들 전공이나 학교의 제반 학습 환경을 고려하는 것이 자신의 성공적인 인생에 더 도움이 될 수 있다.

| 1 | 2023년 변화된 대입 자소서 구성

2023년부터는 자소서 문항이 기존의 한국대학교육협의회(이하 대교협이라고 한다.) 공통 문항 3개와 대학 자율 문항 1개에서 3개 문항으로 통일된다. 1, 2번 문항은 대교협 공통 문항이고, 3번 문항은 대학별 자율 문항이다. 대교협 공통 문항은 모든 대학이 양식을 따라야 하며, 3번 문항의 경우 대학에 따라 자유롭게 활용할 수 있다.

1번 문항은 '고교 재학 기간 중 자신의 진로와 관련하여 어떤 노력을 해 왔는지 본인에게 의미 있는 학습 경험과 교내 활동을 중심으로 기술하라.'로 1,500자 이내로 작성해야 한다. 2021년까지는 1번 '고교 재학 기간 중 학업에 기울인 노력과 학습 경험을 통해 배우고 느낀 점을 중심으로 기술하라.'(1,000자 이내), 2번 '고교 재학 기간 중 본인이 의미를 두고 노력했던 교내 활동(3개 이내)을 통해 배우고 느낀 점을 중심으로 기술하라.'(1,500자 이내) 2개 문항으로 나뉘었지만 이를 통합하고 글자 수를 줄였다.

2번 문항은 '고교 재학 기간 중 타인과 공동체를 위해 노력한 경험과 이를 통해 배운 점을 기술하라.'로 800자 이내로 작성한다. 2021년까지는 '학교생활 중 배려, 나눔, 협력, 갈등관리 등을 실천한 사례를 들고 그 과정을 통해 배우고 느낀 점을 기술하라.'(1,000자 이내)였으나 글자 수가 줄었다.

대학 자율 문항인 3번 문항은 분량을 800자 이내로 제한하고, 독서활동(서울대), 지원동기, 진로계획 등 대학이 원하는 문항을 설정할 수 있다.

2023년 대학별 자율 문항은 다음과 같다.

서울대

고등학교 재학 기간(또는 최근 3년간) 읽었던 책 중 자신에게 가장 영향을 준 책 2권을 선정하고 그 이유를 기술하여 주십시오.

연세대

해당 모집단위에 지원하게 된 동기와 지원하기 위해 노력한 과정을 구체적으로 기술하시오.

성균관대

성균관대와 해당 모집단위에 지원하게 된 동기와 관련하여 본인의 노력을 구체적으로 기술해 주시기 바랍니다.

중앙대

추가적으로 생기부 기재 내용 중 지원자의 우수성을 보여 줄 수 있는 사례에 대하여 기술해 주시기 바랍니다.

경희대

해당 모집단위에 지원하게 된 동기와 준비 과정에서 배운 점을 기술해 주시기 바랍니다.

자소서에 기재가 금지된 사항도 있다. 구체적으로 보면 다음과 같다.

자소서에 공인 어학성적이나 수학, 과학, 외국어 교과에 대한 교외 수상 실적을 기재할 경우 0점 처리된다. 영어(TOEIC, TOEFL, TEPS), 중국어(HSK), 일본어(JPT, JLPT), 프랑스어(DELF, DALF), 독일어(ZD, TESTDAF, DSH, DSD), 러시아어(TORFL), 스페인어(DELE), 상공회의소 한자시험, 한자능력검정, 실용한자, 한자급수자격검정, YBM상무한 검, 한자급수인증시험, 한자자격검정 등을 기재할 수 없다.

기재 불가한 수학, 과학, 외국어 교과에 대한 교외 수상 실적은 수학의 경우 한국수학올림피아드(KMO), 한국수학인증시험(KMC), 전국창의수학경시대회, 도시대항국제수학토너먼트(TofT), 국제수학 올림피아드(IMO) 등이 있다.

과학의 경우 한국물리올림피아드(KPhO), 한국화학올림피아드(KChO), 한국생물올림피아드(KBO), 한국지구과학올림피아드

(KESO), 한국천문올림피아드(KAO), 한국뇌과학올림피아드(KBSO), 한국중등과학올림피아드(KJSO), 국제물리올림피아드(IPhO), 국제화학올림피아드(IChO), 국제생물올림피아드(IBO), 국제지구과학올림피아드(IESO), 국제천문올림피아드(IAO), 국제뇌과학올림피아드(IBB), 국제중등과학올림피아드(IJSO) 등이 있다.

외국어의 경우 전국 초·중·고 외국어(영어, 중국어, 일본어, 프랑스어, 독일어, 러시아어, 스페인어)경시대회, 국제영어대회(IET), 글로벌리더십영어경연대회(GLEC), 국제영어논술대회(IEEC), 영어글쓰기대회, 영어말하기대회 등을 기재할 수 없다.

해당 항목에 열거되어 있지 않더라도 대회 명칭에 수학, 과학(물리, 화학, 생물, 지구과학, 천문), 외국어(영어 등) 교과명이 명시된 학교 외 각종 대회(경시대회, 올림피아드 등) 수상 실적을 작성했을 경우 0점 처리된다. 교외 수상 실적의 경우 학교장의 참가 허락을 받은 교외 수상 실적이라도 작성해서는 안 된다.

학생부에 기재할 수 없는 주요 항목[논문(학회지) 등재나 도서 출간, 발명 특허 관련 내용, 해외 활동 실적, 교외 인증시험 성적 등]은 작성할 수 없고, 어학연수 등 사교육 유발 요인이 큰 교외 활동의 경우에도 작성이 제한된다.

지원자 성명, 출신 고교, 부모(친인척 포함)의 실명을 포함한 사회적·경제적 지위(직종명, 직업명, 직장명, 직위명 등)를 암시하는 내용을 기재하면 평가에 불이익을 받을 수 있다.

| 2 | 2023년 대입 자소서 작성법

자소서를 어떻게 써야 하는지 알면 생활기록부를 어떻게 구성해야 하는지 감을 빨리 잡을 수 있다. 2023년까지는 자소서 작성을 요구하는 대학이 많다. 그러면 대학에서는 자소서를 통해 무엇을 보길 원하는 것일까? 입학사정관이 한 학생이 제출한 서류를 검토하는 평균 시간이 15분이라고 한다. 15분 이상 볼 수 있는 학생은 그만큼 입학사정관의 관심을 끌었다는 것이며 합격 가능성도 커진다. 15분 이상 보게 만드는 역할을 하는 것이 자소서이다. 그러면 자소서를 쓸 때 어떤 점에 주목해야 하는지 살펴보자.

첫째, 자신의 학업능력을 보여 주어야 한다.

이것이 자소서를 보는 결정적인 이유라고 할 수 있다. 이 학업능력을 보여 달라고 요구하는 것이 1번 문항이다. 1번 문항은 '고교 재학 기간 중 자신의 진로와 관련하여 어떤 노력을 해 왔는지 본인에게 의미 있는 학습 경험과 교내 활동을 중심으로 기술하라.'이다.

여기서 핵심어는 진로이다. 즉 자신에게 의미가 있었던 활동이 자신의 진로와 관련한 활동이면 좋다는 것이다. 자소서를 통해 지원자가 고등학교 과정 동안 어떤 영역에 관심이 있었는지, 구체적으로 어떤 활동들을 통해 성장했는지를 자소서에 일목요연하게 서술하는 것이 중요하다.

서울시립대 자소서 가이드북에 나온 내용을 보면 이해하기가 쉬울 것이다.

저는 통계자료를 통해 사회현상을 통찰할 수 있음을 깨닫고 이것이 사회 과목이 아닌 다른 과목을 학습하는 데에도 도움이 될 수 있을 것이라는 생각이 들었습니다. 이에 문학 작품 「흥보가」에서 매품 가격이 6냥이었음을 읽고 다른 재화들의 시장 가격에 대한 궁금증이 생겨 조선 후기의 물가와 1인당 GDP를 구해 조선 후기의 궁핍한 생활상의 원인을 탐구해 발표했습니다. 또한 한국사 과목에서는 개화기 우리나라의 경제가 일본에 점진적으로 장악되었다는 사실을 일본으로의 곡식 수출량과 조선 내 일본 화폐 사용률을 연도별로 조사해 그래프로 만들어 이해할 수 있었습니다. 이 결과 다양한 표와 그래프를 사용하는 '확률과 통계' 과목에 쉽게 접근할 수 있게 되어 저조했던 수학 과목 성적을 올리는 계기가 되었습니다.

문학 작품에서 사회적인 현상에서 나타난 경제 지표 사이의 관련성을 자신이 어떻게 구체적으로 이해하려고 노력했는지가 잘 나타나 있다. 즉 학문 간 융합 능력을 갖춘 사례이다. 이 학생과 같이 구체적인 사례를 통해 배우고 느낀 점이 중요한 내용을 차지해야 우수한 자소서라고 평가받을 수 있다.

왜냐하면 단순히 통계 자료만을 분석하는 것이 아닌 사회, 국어 등의 과목을 통해 학문 간 연계 학습을 했다는 점에서, 본인의 관심사를 다양한 분야로 확장하여 충분히 찾아보고 여러모로 학습할 수 있다는 점이 돋보이기 때문이다. 문학 작품을 통해서 사회상을 탐구하려고 했으며, 실제 자료를 찾는 접근 방법에서 사회와 통계를 융합하는 적극성을 잘 보여 주고 있다.

이공계 학생의 예시도 있다.

물리 시간에 중력자는 중력파에 속하지 않는다는 것을 배웠습니다. 빛은 입자성, 파동성을 모두 갖기에 궁금증이 생겼고, 중력파의 직접적 검출 사건을 접하며 이에 관한 관심을 키워 갔습니다. 『중력파 아인슈타인의 마지막 선물』 책을 읽으며 '작용 반작용을 매개하는 파동은 없을까?'라는 의문이 생겼습니다. 의문점을 꼭 해결하고 싶었습니다. 친구들과 동아리를 만들어 작용 반작용을 매개하는 파동을 스티그마라고 가정했습니다. 가설을 설정해 보니 궁금증은 커졌고 과학자들이 왜 증명에 집착하는지 알 수 있었습니다. 하지만 '스티그마가 반사될 때 크기는 보존된다.'라는 가정이 에너지 보존 법칙에서 오류가 생긴다는 것을 발견했습니다. 친구들은 탐구가 실패했다며 실망했지만 저는 오류 발견 또한 값진 경험이라고 말하며 오류의 원인에 대해 알아보자고 격려했습니다. 토론을 통해 파동이 반사되면서 에너지의 손실이 생겨 파동에너지 공식에서 진폭, 진동수가 감소한다고 결론을 내렸지만 몇몇 친구는 이해하지 못했습니다. 친구들에게 실험을 통한 이해의 즐거움을 주고 싶어 물결파 실험을 계획했습니다. 이를 통해 힘의 크기에 따라 스티그마의 크기에 왜곡이 생긴다는 가정을 이해했고, 체험을 통한 공부를 하며 즐거워하는 친구들을 보며 뿌듯함을 느꼈습니다.

이 학생은 물리 현상에 대한 기본적인 호기심으로부터 가설을 설정하고 확인하는 모습과 고교에서 검증하는 방법을 모색한 것이 인상적이다. 즉 자신의 호기심을 지적 탐구과정으로 확대해 나가는 과정이 잘 표현되어 있다. 의문을 해결하기 위한 과정과 노력, 느낀 점, 실패의 원인 분석 등을 잘 기술했다.

1번 학업능력을 보여 주는 항목 작성의 초점은 자신이 왜 그런 공부나 활동을 했고, 어떻게 했고, 그를 통해 얻은 성과나 영향은 무엇인지를 보여 주는 것이다. 즉 자신의 관심이나 지적 호기심을 어떻게 확장하면서 문제를 해결하려고 노력하였는지를 보여 준다.

예를 들어 '○○ 수업 중'이나 '평소에 ~을 하던 중에 ~에 흥미(또는 관심, 호기심 등)가 생겼다.', '~가 더 알고 싶었다.', '~을 더 깊이 있게 탐구해 보고 싶었다.' 또는 '~가 궁금했다.', '~에 의문이 생겼다.' 그래서 '~하는 일에 도전하였다.', '~에 대해 질문을 하였다.', '~에 관련된 ~책을 읽었다.', '~동아리활동을 하였다.', '~에 관한 실험을 하였다.', '~에 관한 보고서를 작성하였다.', '(어떤 교내 활동을 통해) ~사고력, 분석력, 창의력, 문제해결력 등을 길렀다.'와 같이 사고의 흐름이나 문제를 해결하기 위해 노력하는 과정과 흐름을 보여 주는 것이 중요하다.

둘째, 인성 항목이 중요하다.

자소서 2번 항목 '고교 재학 기간 중 타인과 공동체를 위해 노력한 경험과 이를 통해 배운 점을 기술하라.'에서는 결과 자체보다 경험을 통해 무엇을 얻었는가가 더욱 중요하다. '나'의 처지에서 생각과 행동의 결과를 담은 경험에 관해서 이야기해야 한다. 본인이 생각하는 배려·나눔·협력이 무엇이고, 그것을 어떻게 실행에 옮겼는지 과정을 포함하여 그 경험을 통해 주변과의 관계에서 어떤 깨달음을 얻었고, 이를 통해 어떻게 변화하고 성장하였는지를 서술해야 한다.

서울시립대는 작성 원칙에서 "과연 이 학생이 대학에 입학하였을 때 원만한 인간관계를 만들어 나갈 수 있을까?'에 대한 질문으로 지원자의 사례를 통해 배려, 나눔, 협력, 사회성, 헌신, 갈등관리, 봉사정신 등을 보고자 함이었다."라고 밝히고 있다. 즉 자신이 사회구성원으로서 자질이 있는지를 구체적인 사례를 통해 밝히는 것이다.

서울시립대 자료집에 나타난 2번 문항에 대한 적절한 예는 다음과 같다.

> 학급문집 총책임자를 맡았습니다. 그런데 학급문집이 공동 과제라는 인식 때문이었는지 적극적으로 참여하지 않는 친구들이 생겼습니다. 문집에 넣을 내용을 제출일까지 내지 않아 문집을 만드는 속도가 더뎌졌습니다. 처음에는 그 친구들이 무책임하다는 생각에 화가 났습니다. 그러나 생각해 보니 '총책임자'라는 특정 역할이 있었던 저와 달리 친구들에게는 어떤 역할도 주어지지 않았음을 깨달았습니다. 혼자 모든 일을 총괄하고 친구들에게는 과제처럼 일을 부여했다는 것을 깨닫고 나니 길이 보였습니다. 학급회의 때 현재 문집 운영에 대한 피드백을 받은 후, 친구들 각각의 진로를 고려해 세부 부서를 나누었습니다. 미술 관련 진로인 친구들은 표지 디자인을, 국어 관련 친구들은 교정과 편집을 담당했습니다. 친구들은 적극적으로 참여하기 시작했고 저의 직접적인 관여 없이도 각 부서끼리 모여 회의를 하며 내용을 쌓아 갔습니다. '역할'과 '책임'이라는 것이 주어진 전후 차이는 생각보다 컸습니다. 사람들은 자신이 어딘가에 필요하다는 것이 느껴질 때 태도가 긍정적으로 변화했습니다.

이 학생은 팀 활동 경험을 통해 협력, 역할과 책임에 대한 본인의 생각을 잘 드러냈다. 그리고 어떤 경험을 통해서 역할과 책임의 중요성을 알게 되었는지를 구체적으로 작성한 점이 인상적이다.

소통하는 리더의 모습을 보여 주는 예도 있다.

프로젝트 중간점검날 저희 팀은 프로젝트에 대해 더 고민해 보라는 평가를 받았습니다. 팀원들과 소통의 자리를 가졌고 그 자리에서 팀원들이 리더의 권위를 이용해 혼자서 자신들을 가르치려 하거나 이끌려 하고 결정을 강요하는 모습이 고집불통으로 느껴졌다고 제게 말했습니다. 저도 팀장으로서 나름대로 노력을 한 것인데 팀원들이 야속하기만 했고, 팀원들에게 상처를 받아 팀원들과 마주치지 않으려고 일주일간 팀모임을 잡지 않기도 했습니다. 하지만 시간이 지날수록 리더로서의 성과에만 급급했던 저를 발견하며 팀원들의 평가를 어느 정도 받아들일 수 있었습니다. 결단력 있게 지휘하는 리더가 되고 싶었던 저의 강경한 행동은 팀원들을 수동적으로 만들었고 소통을 차단했음을 깨달았습니다. 저는 제 실수를 인정하고 팀원들과 대화를 하려고 노력하기 시작했습니다. 일주일간 등하교 시간과 쉬는 시간에 한 친구씩 먼저 찾아가 친구들이 프로젝트에 대해 가진 고민과 생각을 듣기 시작했습니다.

이 학생은 리더로서 책임감을 느끼고 프로젝트를 수행하기 위해 팀원과 소통하기 위해 노력하고 고민했던 과정들을 진솔하고 구체적으로 잘 드러냈다. 요즈음의 리더상은 자신이 잘났다고 앞에서 끌어가는 전통적인 가부장적 모습이 아니라 팀원들 간의 소통능력이 더 중요한 자질로 인식되고 있다. 이 예는 이런 리더상에 잘 부합한다고 할 수 있다.

셋째, 생기부에 미처 기재되지 않은 자신의 특질과 자질을 보여주어야 한다.

이것은 사실 자소서의 제일 큰 역할이라고 할 수 있다. 생기부에 모든 것이 다 들어 있기는 힘들다. 선생님들이 미처 알아보지 못한 자신만의 장점과 노력 과정을 서술해 주는 것이 자소서의 매력이다.

진로 희망이 바뀌거나 성적이 하락하는 등 일반적으로 생각하기에 좋지 않은 평가를 받을 만한 요소가 있을 경우, 자소서에서 특별히 그러한 이유가 있다는 것을 적극적으로 기술하는 것이 중요하다. 성적 하락 등과 같은 불리한 요소가 있더라도 그것이 본인의 학교생활을 비롯하여 삶을 긍정적으로 변화시켰다면 충분히 좋은 소재가 될 수 있기 때문이다. 여기서 주의해야 할 점은 성적이나 진로가 바뀌었을 경우 자신의 노력 과정을 충분히 구체적으로 서술해야 한다는 것이다.

예를 들면 인문계열 지망 학생이 갑자기 이공계열로 진로를 바꾸었다면 그 이유를 이해할 수 있도록 해야 한다. 막연히 화학에 흥미가 생겨서 화학공학과로 진로를 변경한 것이 아니라 화학 수업 시간에 어떤 점을 공부하면서 구체적으로 자신이 어떤 쪽으로 흥미가 생겨서 탐구하게 되었는지의 과정을 서술해 주어야 입학사정관이 이해할 수 있다.

03 | 생기부와 자소서의 일체화 방법

학종의 불공정성에 대한 우려는 '누구의 능력이 발휘된 것인가?'에 대한 물음에서 기인한다. 특히 자소서에서 언급된 내용이 과연 학생 개인의 노력에 의한 것인지, 아니면 사교육에 의한 것인지 모르겠다는 것이다. 그래서 2024년부터는 자소서를 폐지하고 오로지 학생부에 의해서만 학생의 능력을 판단하는 것으로 바꾸었다. 또 예전에는 중요시하던 수상 기록 등 사교육이 개입할 만한 요소들을 미기재 또는 미반영하도록 하였다. 이제 학종을 준비하는 학생들 입장에서는 무엇보다 자기주도성이 중요하게 되었다.

여기서 눈여겨볼 부분은 자소서에 썼던 내용이 생기부에 기재되도록 학교생활에서 어떻게 노력해야 하느냐는 점이다. 즉 이제까지 일목요연하게 자신의 노력 과정을 정리하는 역할을 했던 자소서가 사라짐으로써 생기부가 그 역할을 다 떠안아야 한다. 교육과정과 수업 내 활동, 평가, 기록이 일체화되어야 하는 것이다. 이제 학생들만 잘한다고 되는 것이 아니라 관찰자(교사)의 역할이 중요해졌다.

학생부는 인적사항, 학적사항, 출결 상황, 수상경력, 자격증 및 인증 취득 상황, 진로 희망 사항, 창의적 체험활동 상황, 교과학습발달 상황, 독서활동 상황, 행동특성 및 종합의견으로 총 10개의 항목으로 나누어져 있다. 이 가운데 출결 상황, 수상경력, 교과학습발달 상황의 학업성취도 등 객관적 사실의 정량적 기술만으로 구성되는 항목도 있지만, 창의적 체험활동, 진로 희망 사항, 교과학습발달 상황의 과목별 세부능력 및 특기사항 등 교사의 의미 있는 기록을 통해 학종의 정성 평가에서 좋은 평가를 받을 수 있는 항목도 있다.

모든 항목이 다 중요하지만, 특히 학습능력과 인성을 보여 줄 수 있는 창의적 체험활동 상황, 교과학습발달 상황, 독서활동, 행동특성 및 종합의견이 중요하다고 할 수 있다. 항목별로 기재 요령 및 대입에서 활용되는 점을 살펴보면 다음과 같다.

| 1 | 창의적 체험활동

창의적 체험활동의 실적은 한 개의 영역에 입력하고, 다른 영역에 중복해 입력하지 않는다. 특기사항에는 활동 실적(내용)의 단순한 나열식 입력을 지양하며, 특정 대학명·기관명·상호명·강사명은 입력하지 않는다. 예전에는 창의적 체험활동의 중요성이 높았으나 기재 사항 변경으로 2024년부터는 예전만큼 중요도가 높지는 않다. 하지만 여전히 중요한 항목이다.

자율활동

자율활동은 학급이나 학교 구성원의 자발적이고 자율적인 참여를 중시하는 활동으로 학급활동, 학년활동, 학교활동으로 구분할 수 있다. 대학에서는 학교·학급 임원 활동 이력을 의미 있게 살펴본다. 그러나 대학의 평가자가 전교 학생회장, 학급회장 같은 임원 활동 경험 자체만으로 긍정적인 평가를 하는 것은 아니다.

어떤 직책을 맡았는지보다는 작다고 생각되는 역할이라도 학교 구성원으로서 수행한 역할의 내용, 그리고 활동 과정에서 드러나는 학생의 주도성과 책임의식 등을 중요하게 평가한다. 그러므로 구체적 역할과 활동 과정, 느낀 점을 자소서에 연계하여 작성하는 것이 개별적 특성을 드러낼 수 있는 긍정적인 방법이 될 수 있다. 리더십을 강조하고 싶다면 리더로서의 경험을 단순 나열하기보다는 리더십의 진정한 의미와 리더의 역량을 기른 경험을 구체적으로 기술하는 것이 필요하다.

동아리활동

동아리활동은 학생들의 공통 관심사와 같은 취미, 특기, 재능 등을 지닌 학생들이 함께 모여서 자발적인 참여와 운영으로 자신들의 능력을 창의적으로 표출해 내는 것을 주 활동으로 하는 집단 활동으로 표현된다. 동아리는 지원할 대학의 전공과 관련이 있으면 좋지만, 반드시 대학의 전공과 고교생활의 동아리를 일치시킬 필요는 없다. 전공과 관련한 '역량'에 초점을 맞추는 것이 중요하며 전공적합성을 위해 억지로 만들어 낸 동아리보다는 전공 관련 교과 공부 동아리가 더 학생다운 활동이라 여겨질 수 있다.

동아리활동의 결과물, 역할, 기여도가 분명히 제시되지 않으면 변별력이 없으므로 구체적으로 작성하는 것이 좋다. 활동을 평가할 때 지속성, 진정성, 우수성을 중요하게 보기 때문에 3학년 때까지 지속해서 동아리활동을 하는 것도 의미가 있다. 자율동아리활동은 미기재되기 때문에 학교동아리활동이 더욱더 중요하게 주목받고 있다.

봉사활동

봉사활동은 학교 계획에 의한 봉사활동과 학생 개인 계획에 의한 봉사활동을 기록하는데 스스로 계획해서 자신만의 차별화된 봉사활동을 하면 좋은 평가를 받을 수 있다. 학생부에는 고등학교 3학년 1

학기 여름방학까지 한 봉사활동 내용이 기록된다.

일회성 봉사활동보다는 자신의 진로와 관련된 봉사활동을 자기 주도적으로 개척하여 지속해서 일관되게 하는 것이 필요하다. 진정성이 있는 봉사활동을 지속해서 하고, 특기사항에 기록을 잘 남기는 것이 수시모집 봉사활동의 핵심이다. 특기사항은 이제 미기재되니 그만큼 부담감이 덜어졌다고 볼 수 있다.

진로활동

진로활동은 학생의 학업진로, 직업진로에 대한 계획서, 진로와 관련된 각종 검사를 바탕으로 특기사항을 입학한다. 학교에서 주최하고 주관하여 실시한 진로활동과 관련 사항을 기재하며, 진로와 관련된 상담 및 관찰, 평가 내용도 기록한다. 그러나 진로 희망 분야는 대학에 미제공하는 부분으로 변경되었다.

| 2 | 학생부 교과활동(내신)

내신의 중요성은 아무리 강조해도 지나치지 않다. 비슷한 학교활동을 한 지원자 중에서 내신이 월등한 학생이 유리한 건 당연하다. 그러나 학종의 묘미는 산술적인 내신을 보지 않는다는 데 있다. 지원자의 전공과 연계해서 내신을 살펴본다는 것이다. 즉 의대에서 학생을 선발할 때 지구과학 과목을 선택해서 높은 내신을 받은 학생과 생명과학 II 과목을 선택해서 내신이 안 좋은 학생, 두 사람 중에 선발한다면 당연히 연계과목을 수강한 학생을 선발한다는 것이다. 즉 학종을 염두에 두고 있다면 내신이 잘 나오지 않을 위험성이 있더라도 자신의 진로와 관련된 과목을 선택하는 것이 바람직하다.

이제 윤석열 정부가 집권함에 따라 2025년에 예정되어 있던 고교학점제 시행이 연기될 가능성이 커졌다. 이는 일반고 학생들의 선택 과목의 범위가 더 좁아졌다는 것을 의미한다. 그러면 일반고 학생들은 어떻게 해야 하는가? 필자의 해답은 설치된 과목에서 수행과제를 활용하라는 것이다. 수행과제를 하면서 자신의 진로와 연계된 결과물을 보여 주고 그것이 기재되도록 하는 것이 최선이다.

서울대의 학종 가이드북에서도 다음과 같이 선택 과목의 중요성을 강조하고 있다.

학생부종합전형은 학생이 지닌 학업능력의 우수성을 가장 중요한 평가 기준으로 활용하고 있으며 이수한 교과목의 성취수준은 물론 선택한 과목의 세부적인 내용도 평가 요소로 반영하고 있습니다. 학생이 고등학교에서 교육과정을 통해 익히는 역량은 대학에서 전공하고자 하는 학과의 교육과정을 성공적으로 이수하는 초석이 되며 그 배움의 과정에서 드러난 학생의 우수한 역량을 판단하는 것이 학생부종합전형의 핵심입니다.

진로 과목이나 일반 선택 과목을 고를 때에는 자신의 전공을 알아야 유리하다. 왜냐하면 2015 개정 교육과정에서는 기존의 문·이과 구분을 두지 않도록 하고 있는데, 이는 특정 교과에 치중한 편성을 하지 않도록 하자는 것이다.

문·이과는 대학의 학과 구분을 고려하여 나눈 것인데, 현재는 문·이과로 구분하지 않는 모집단위가 늘고 있다. 간호학과, 건축학과, 경영학과, 의류학과, 통계학과 등이 이에 해당한다. 경영, 경제, 통계학과 등의 학과는 문과계열로 구분되지만, 예전의 문과계열 학생이 이수하지 않았던 높은 수준의 수학 교과 학습이 필요하다. 즉 자신이 경영이나 경제계열 진학을 목표로 하고, 학종으로 진학할 마음이 있으면 이과 영역의 수학 과목을 선택할 필요성도 있다.

| 3 | 독서활동

독서활동 이력은 2024년부터 대입에 미반영되지만 여전히 독서는 중요하다. 생기부의 독서활동은 대입에 미반영되지만 세부능력 및 특기사항에서 선생님이 작성하는 데에는 제한이 없고 미반영된다는 조항이 없다. 즉 학생의 학업적 적성을 알려면 독서를 했는지 아닌지가 여전히 관건이 된다. 독서를 싫어하는 학생은 대학에서 이루어지는 지적인 활동에 적응하기 힘들다.

「2022학년도 학교생활기록부 기재 요령」에 따르면 단순 독후활동(감상문 작성 등) 외 교육활동을 전개하였다면, 도서명을 포함하여 그 내용을 다른 영역(교과 세부능력 및 특기사항, 창의적 체험활동 등)에 입력할 수 있다고 되어 있다. 즉 독서활동은 대입에는 미반영되지만, 수업 시간 등을 통해 학생이 교과와 연계하여 주도적으로 심화 학습한 독서 관련 내용은 세부능력 및 특기사항에 기재할 수 있다는 것이다.

독서는 학생의 진로 탐색 노력뿐만 아니라 학문적 관심과 흥미 등을 파악하고, 이를 해결하기 위해 학생이 노력한 수준과 정도를 파악하는 데 유익하므로 중요하다. 또한 평가에 전적으로 큰 영향을 미치지는 않으나 전공적합성과 자기주도성, 학업 의지 등을 평가하는 데 참고 자료가 될 수 있다. 자연히 대학에서는 지원자의 학습능력을 측정하는 중요한 평가 도구로 인식할 수밖에 없는 것이다.

그러면 이렇게 중요한 독서는 어떻게 해야 할까? 필자는 '연계 독서'가 중요하다고 생각한다. 하나의 사실 발견이나 관찰 또는 한 권의 독서에서 비롯해서 가지 치듯이 심화 탐구하는 과정을 독서로 나타내야 한다는 것이다. 교과 수행평가와 발표, 탐구활동 및 과제 연구, 진로활동, 동아리활동에서 한 권의 책을 읽는 데서 끝내는 것이 아니라 주변으로 깊게 확장해 나가는 독서를 의미한다.

예를 들면 한 학생이 수업에서 어떤 책을 읽고 사회적 이슈에 관심을 기울이고 문제 해결을 위한 방법을 고민하고, 더 나아간 단계의 책을 읽으면서 봉사활동이나 동아리활동을 통해 해결 방안을 실천하는 방식이다. 이러한 의식의 변화와 활동의 시작점이 바로 독서인 것이다.

| 4 | 행동특성 및 종합의견

행동특성 및 종합의견은 학생부 전체를 종합적으로 정리한 것이다. 2024년부터 자소서가 폐지되기 때문에 중요성이 더욱더 커지고 있다. 추천서를 받지 않는 대입전형에서는 이 내용이 담임 교사 추천서 역할을 한다.

　행동특성 및 종합의견은 학생의 학습, 행동 및 인성 등 학교생활에 대한 종합적인 평가와 구체적인 변화, 성장 등을 학급 담임 교사가 기록한 내용이다. 자기주도성을 비롯하여 갈등관리, 리더십, 타인 존중, 배려와 나눔 등을 기록하기 때문에 인성 평가에 중요하게 활용될 수 있다.

　행동 발달상황을 포함하여 인적사항, 학적사항, 출결 상황에서 나타난 특징 등을 종합적으로 평가하여 기록할 수 있다. 그리고 창의적 체험활동에서 보여 준 협동성, 리더십, 배려와 나눔 등도 구체적으로 기록할 수 있다. 그 밖에 모범학생상이나 봉사상 등을 받았다면 그 이면에서 보여 준 책임감, 준법정신, 봉사정신, 효행 등의 과정이나 실제 사례 등을 기록할 수 있다.

　특히 교과학습발달 상황에서 나타난 성적 변화의 특징을 설명하거나 소명할 수도 있기 때문에 굉장히 유용하게 사용될 수 있다. 예를 들어 1학년 2학기에 성적이 크게 하락했다면 그 상황을 설명하면서 그 이유를 소명할 수 있는 것이다. 특히나 자소서가 폐지되기 때문에 이런 역할의 중요성이 더욱 부각된다.

　그러나 입학사정관이 '행동특성 및 종합의견'란의 기록을 신뢰성이 떨어진다고 평가할 수도 있다. 예를 들어 '우리나라 역사와 문화에 관심이 많아 그와 관련한 도서를 읽고…' 라고 기록되어 있는데 정작 '독서활동 상황'에는 한국사 관련 도서가 없고, 역사 과목 '세부능력 및 특기사항'에도 그 내용을 뒷받침할 만한 내용이 없는 경우가 적지 않다는 지적이다.

입학사정관은 칭찬 일색의 과장된 내용보다는 사실에 입각한 학생의 개별적 특징이나 장점에 관심을 가진다. 따라서 과장된 행동특성 및 종합의견은 자칫하면 생기부의 전체 항목에 대한 불신을 사게 되어 오히려 나의 다른 장점이 기록된 생기부를 망칠 수도 있다.

TIP 타이거맘과 방목주의맘

타이거맘이란 용어는 에이미 추아 예일대 교수의 자녀교육법이 소개되면서부터 일반화된 용어로 사용되기 시작했다. 그녀는 중국계 미국 이민자로서 부모가 책임지는 엄격한 양육의 중요성을 강조했다. 그녀는 두 딸을 키우면서 철저히 다음 사항들을 금지했다.

-친구 집에서 자는 것
-아이들끼리만 노는 것
-TV 보는 것과 컴퓨터 게임 하는 것
-정규 수업 외의 활동을 마음대로 집에서 하는 것
-A보다 낮은 점수를 받는 것
-체육과 연극 외의 수업에서 A를 놓치는 것

과연 누가 이렇게 할 수 있을까 하는 생각이 들 정도로 추아 교수는 자녀의 행동을 일일이 간섭하면서 자신이 옳다고 생각하는 길로 지도하였다. 이런 자녀교육법이 바른 것인지에 대한 반론이 거세게 일었다.

그래서 요즘은 추아 교수와는 정반대로 자녀를 방목하다시피 양육하는 경향도 있다. 예를 들면 학업부터 학원 가는 것까지도 자녀들의 결정에 내맡긴다. 이런 경우 대안학교를 많이 선택하기도 한다.

그런데 아이러니하게도 중학교는 대안학교를 다니다가 고등학교는 대입에 대한 불안감 때문에 다시 일반고로 전학하는 경우가 많이 발생한다. 이 경우 대개의 학생은 학습 진도가 뒤처져서 한동안은 많이 힘들어하고 학교와 학원에서의 빡빡한 수업을 견뎌야 한다. 그래서 대학 진학도 자신이 원하는 만큼 잘되지 않는 경우가 많다.

너무 과한 것은 오히려 역효과를 일으킨다. 어느 교육이 좋은 것인지는 누구도 모른다. 입시에만 초점을 맞춘다면 추아 교수 쪽이 유리하지만 방목하면서 키워도 결국은 훌륭하게 대입에 성공하는 학생도 주위에서 볼 수 있다. 결국은 확률의 문제이다.

PART 3

학종의 핵심은 세특이다

세특과 내신은
학종의 핵심이다

내신 3등급으로 소위 말하는 상위 6개 대학에 진학하기는 불가능하다고 생각하는 학부모나 학생이 많을 것이다. 그러나 특목고나 전국권 자사고에서는 실제로 가능하다. 상당수 학생이 내신 3등급으로 상위권 대학에, 심지어 서울대에도 진학한 경우가 있다. 물론 일반고에서 3등급으로 서울대에 진학하는 것은 상당히 어렵다. 그러나 서울대를 제외한 나머지 상위 5개 대학은 일반고에도 가능성이 열려 있다. 실제로 가는 학생들이 있다.

그동안 학종은 특목고나 전국권 자사고 학생들의 전유물처럼 여겨졌으나 생기부의 항목이 축소되고 미반영되는 지금부터는 일반고 학생들도 충분히 도전 가능한 전형이 되었다. 자소서와 추천서가 없어져서 생기부에서도 무엇보다 세특과 기본 학문적 자질을 보증해 주는 내신이 결정적인 변수가 되었다.

서울 명덕외고의 2021년 내신 등급별 대학 진학 사례와 김천고 중위권 학생 진학 사례를 살펴보자.

2021년 명덕외고 졸업생 학종 진학 사례

진학 대학	합격생 내신 등급		
서울대	사범대 3.2	경제계열 3.4	인문계열 3.39
연세대	HASS 3.91	어문계열 3.4	–
고려대	어문계열 3.9	–	–
서강대	유럽문화 4.16	경영 4.37	–
성균관대	사회계열 4.2	미디어계열 4.52	–
한양대	인문계열 4.79	국제학 5.7	–
이화여대	경영 4.63	엘텍공대 4.82	어문계열 4.83

김천고 중위권 학생 내신 등급별 학종 진학 사례

계열		진학 대학명
인문	2.5~3.5	고려대, 성균관대, 중앙대, 경희대, 유니스트, 서울시립대
	3.5~4.5	한양대, 한국외대, 건국대, 동국대, 아주대, 인하대
	4.5~6.2	서울과학기술대, 광운대, 가톨릭대
자연	2.5~3.5	고려대, 연세대, 성균관대, 서강대, 유니스트, 디지스트, 지스트, 중앙대, 경희대
	3.5~4.5	한양대, 건국대, 동국대, 국민대, 아주대, 인하대, 경북대, 부산대
	4.5~5.9	서울과학기술대, 서울시립대, 광운대

이 표들을 보면 명덕외고, 김천고는 특목고나 전국권 자사고라는 것을 감안해도 내신 등급으로 보면 거의 5등급 이내의 학생들이 상위권 대학부터 최상위권 대학까지 진학한 것을 볼 수 있다. 일반고의 경우에는 이보다 내신 등급이 2등급 이상 더 높아야 가능하리라 본다. 즉 서울대를 일반고에서 학종으로 가는 학생들은 거의 2등급 이내, 성균관대는 최소 3등급 이내라야 가능할 것이다.

이제는 일반고의 내신 등급도 특목고나 전국권 자사고처럼 어느 정도 내려갈 것으로 보이기 때문에 상위권 대학을 가기 위해 무조건 수능만 생각하는 것은 바람직하지 않다. 이는 서울시립대에서 제출한 2019년 학종 최종 등록자 기준 고교 유형별 내신 성적과 표준편차에서 잘 드러나 있다. 다음 표를 보면 일반고와 특목고, 자사고의 내신 차이는 1~2등급 이내인 것을 알 수 있다.

2019년 서울시립대 학종 합격생, 고교 유형별 내신 등급 차이

계열	구분	평균 내신 등급	표준편차
인문	인문계열 전체	2.5	1.027
	일반고	2.0	0.458
	자사고	3.2	0.566
	특목고	4.2	0.717
자연	자연계열 전체	2.4	1.061
	일반고	3.3	0.453
	자사고	3.3	0.914
	특목고	6.1	0.654

2021년 한양대 학생부종합전형으로 합격한 학생들의 내신 분포를 나타낸 표를 보자. 인문계열은 대부분 70% 컷이 3등급 후반대이며 독문학과나 중문과의 경우에는 4등급 초·중반이나 후반대에 걸쳐 있음을 알 수 있다. 의학계열을 제외하면 대부분의 공학, 자연과학 학과의 70% 내신 컷은 3등급 후반대도 많음을 확인할 수 있다. 즉 한양대 같은 상위권 대학도 3등급이 충분히 가능함을 알 수 있다.

이런 말을 하면 전부 특목고나 전국권 자사고일 거라고 생각하는데 합격생들의 출신 고교 유형별 분류표를 보면 과반수가 일반고 출신이다. 그러니 미리부터 겁먹고 학종을 포기할 이유가 없다.

2021년 한양대 학과별 최종 등록자 내신 등급 컷

계열	모집단위	경쟁률	충원율	내신 50% 컷	내신 70% 컷
자연	건축학부(자연)	15.42	158.33	2.44	2.96
	건축공학부	8.07	50.00	1.85	3.75
	건설환경공학과	9.17	138.89	2.92	3.48
	도시공학과	9.23	107.69	1.96	2.88
	자원환경공학과	15.38	100.00	1.73	1.78
	융합전자공학부	14.15	328.85	2.12	3.11
	컴퓨터소프트웨어학부	14.24	232.00	1.63	2.93
	전기·생체공학부	14.23	95.45	3.20	3.33
	신소재공학부	12.05	152.50	1.53	1.63
	화학공학과	18.33	271.43	1.43	1.63
	생명공학과	34.60	510.00	1.45	3.21
	유기나노공학과	13.43	128.57	3.34	4.55
	에너지공학과	19.22	411.11	2.92	3.63
	기계공학부	12.08	188.46	1.72	1.90
	원자력공학과	9.36	90.91	1.99	2.04

자연	산업공학과	14.07	150.00	1.71	2.52
	미래자동차공학과	9.19	206.25	1.85	3.74
	의예과	19.03	205.56	1.51	1.70
	수학과	11.33	300.00	1.68	3.20
	물리학과	13.42	241.67	3.54	3.93
	화학과	13.94	175.00	1.57	2.95
	생명과학과	28.00	293.33	2.97	3.46
	경제금융학부(자연)	7.20	80.00	2.54	2.99
	경영학부(자연)	8.17	50.00	3.57	3.98
	수학교육과	13.50	75.00	1.49	1.49
	의류학과(자연)	8.00	75.00	2.69	4.29
	식품영양학과(자연)	12.92	38.46	3.86	4.11
	실내건축디자인학과(자연)	9.67	0.00	4.13	4.88
	간호학과(자연)	11.50	30.00	1.66	1.75
	데이터사이언스학과	11.79	132.14	2.83	3.42
	심리뇌과학과	14.00	67.86	2.83	3.71
인문	건축학부(인문)	8.25	0.00	1.57	3.36
	국어국문학과	16.22	155.56	3.57	3.69
	중어중문학과	11.31	100.00	3.26	4.79
	영어영문학과	12.87	133.33	2.96	3.31
	독어독문학과	8.33	50.00	3.68	4.26
	사학과	19.43	128.57	3.80	3.97

출처 : 한양대학교 홈페이지

2021년 한양대 최종 등록자 고교 유형별 분류

구분	수시				정시			총계
	학생부 교과	학생부종합 (일반)	논술	소계	가군 일반	나군 일반	소계	
일반/자공고	275	548	254	1,077	185	433	618	1,695
	99.3	55.0	67.9	65.4	58.9	69.1	65.7	65.5
자사고	–	239	80	319	38	136	174	493
	0.0	24.0	21.4	19.4	12.1	21.7	18.5	19.0

영재고	–	52	5	57	–	6	6	63
	0.0	5.2	1.3	3.5	0.0	1.0	0.6	2.4
과학고	–	37	12	49	1	4	5	54
	0.0	3.7	3.2	3.0	0.3	0.6	0.5	2.1
외고/국제고	–	120	14	134	21	27	48	182
	0.0	12.0	3.7	8.1	6.7	4.3	5.1	7.0
기타	2	1	9	12	69	21	90	102
	0.7	0.1	2.4	0.7	22.0	3.3	9.6	3.9
총계	277	997	374	1,648	314	627	941	2,589

출처 : 한양대학교 홈페이지

조국 사태 이후로 학생부종합전형에서 비교과 영역의 중요성이 많이 약화되었다. 봉사활동을 100시간 해야 한다든가, 독서 권수가 학년당 30~40권이 되어야 한다는 정량적인 얘기는 더 이상 하지 않는다. 이제 질이 중요한 시대가 되었고, 그중에서도 세특과 내신이 학종의 두 기둥이 되었다.

학종이라도 내신이 너무 나쁜 학생은 대학에서 받아주지 않으며, 반대로 내신이 좋더라도 학생부교과전형은 합격해도 학종에서는 불합격되는 시대가 되었다. 학급 임원을 했다는 경력이 중요한 것이 아니고 임원 활동을 통해서 학급에 구체적으로 어떤 선한 영향을 미쳤는지가 더 중요하다.

2024년부터는 생기부의 기재사항과 대입에서 미반영되는 항목이 많이 늘어났다. 이는 이제 일반고 학생들도 충분히 학종에 도전해 볼 수 있는 여건이 조성되었다는 말이다. 일반고는 특목고나 전국권 자사고보다 내신에서 유리하다. 일단 내신을 3등급 이내로 하고 세특에서 자신의 우수성을 입증할 수 있으면 이제 내신 3등급 학생이 상위 6개 대학에 진학하는 것이 절대 꿈이 아니다.

일반고 학생들은 선택 과목이 다양하지 못한 관계로 자신이 선택한 과목에서 우수한 세특이 나오도록 집중력을 발휘해야 한다. 반면에 특목고나 전국권 자사고 재학생의 입장에서는 내신에 좀 더 신경을 쓰는 자세가 필요하며, 선택 과목의 다양성을 최대한 살리는 전략이 필요하다.

세특은 학생이 만든다

교육부에서 발간한 「2022학년 생기부 기재요령」에 있는 세특에 대한 기재 지침은 다음과 같이 표현되어 있다.

> 교과별 성취기준에 따른 성취수준의 특성 및 학습활동 참여도, 자기주도적 학습에 의한 변화와 성장 정도를 중심으로 기재함. 단 방과후학교 활동은 기재하지 않음. 정규교육과정의 교과성취기준에 따라 수업 중 연구보고서(소논문) 작성이 가능한 과목은 특기할 만한 사항이 있는 과목 및 학생에 대하여 연구보고서(소논문) 실적 (제목, 연구 주제 및 참여 인원, 소요시간)을 제외하고 세부능력 및 특기사항을 기재 할 수 있음.
> *연구보고서 소논문 작성 가능 과목: 수학과제 탐구, 사회문제 탐구, 융합과학 탐구, 과학과제 연구, 사회과제 연구

이것에서 알 수 있듯이 세특은 교과별 성취기준에 따른 성취수준의 특성을 기재하는 것이다. 이것이 의미하는 바는 세특은 내신 성적에 따라 수준별로 특성과 참여도, 자기주도 학습 정도를 기재한다는 것이다. 일반적으로 생각하기에는 세특은 교과 담당 선생님이 자

기 마음대로 기재하는 것으로 오해할 수 있는데, 그것은 절대 아니라는 것이다. 학생의 참여도와 자기주도 학습 정도는 내신이 잘 반영한다. 그것을 세특이 뛰어넘을 수는 없다. 일단 내신은 잘 받는 것이 중요하다는 점을 다시 한 번 강조한다.

그러면 내신은 얼마나 잘 받아야 할까? 그것은 자신의 학교가 속한 지역과 학교 유형에 따라 다를 수 있다. 즉 자신의 학교가 과학고이거나 외고, 전국권 자사고이면 일반고보다는 내신 하한선이 넓다. 반면에 일반고 학생들은 아무래도 특목고나 전국권 자사고보다는 내신의 하한선이 높을 수밖에 없다. 일반고 학생들이 앞에서 본 명덕외고 학생들 정도의 내신으로 상위권 대학에 진학하기는 힘들다.

세특은 학생이 만든다. 교사가 만들어 주는 것이 아니다. 자신이 받은 내신과 적극적인 학습활동, 보고서의 질적 우수성 등을 교사가 관찰하고 기재하는 것이다. 좋은 세특을 만드는 학생들은 다음과 같은 특징을 가지고 있다.

- 수업 시간에 발표와 토론 등에 적극적으로 참여한다.
- 자신의 진로, 희망 전공, 적성 등을 사전에 파악해서 알맞은 진로 과목을 선택한다.
- 보고서 작성 등은 자신의 진로와 연계해서 작성한다.
- 교과 담당 선생님과 친밀한 관계를 유지하며 의사소통을 잘한다.

이런 학생들에게 불리한 세특을 기재하는 선생님들을 상상하긴 힘들다. 그러나 세특을 학생들이 써서 선생님에게 제출하고 선생님들이 그것을 그대로 기재하는 것으로 착각하는 학부모들이 있다. 그런 선생님은 없다. 다만 학기말에 담당 선생님들이 조사 차원에서 학생들에게 수업을 통해 느끼고 깨달은 점을 적어서 제출하면 참고하는 경우는 있다. 이것은 선생님들이 학생들이 수업에서 어떤 영향을 받았는지 혹시 빠트린 것이 있는지 참고하기 위해서 제출하라는 것뿐이다. 이것을 일부 학부모가 셀프 생기부라고 오해하는 것이다.

다시 한 번 말하자면 세특은 학생들이 수업에 참여하면서 보여 준 활동이나 참여도, 우수성 등을 나타내기 때문에 궁극적으로는 학생들이 세특을 쓰는 것이라는 의미이지, 실제로 학생들이 세특 내용을 써서 담당 선생님들에게 제출한다는 의미가 아니다.

세특을 기재하는 선생님들의 서술 유형은 다양하다. 선생님들의 세특 기재 유형을 살펴보면 대체로 다음 4가지로 분석해 볼 수 있다. 전형적인 기재 예를 살펴보면 다음과 같다.

첫째 유형, 수업 내용 위주로 세특을 작성한다.

수학1(중앙대 학종 가이드북에서 인용)

수학I 과목의 모든 단원을 이해하고 논리적으로 분석하는 능력이 탁월하고 문제에 대한 분석 및 종합능력이 뛰어나며 노트 정리를 체계적으로 매우 잘함. 교과서에 쓰인 수학적 정의와 개념을 깊이 사고하고, 그 의미를 고민해 보고, 문제를 풀 때 정의와 개념에 입각한 풀이를 하려고 노력하는 모습이 인상적임. 안정된 기초실력을 바탕으로 난이도 높은 문제에 대하여 다양한 방법으로 해석하려는 능력을 소유함. 주어진 문제를 여러 방법으로 접근하려는 시도를 많이 보여 줌. 특히 조건을 조금씩 달리하면서 기존 문제가 새로운 형태로 탄생하고 그 풀이가 이전에 배운 내용과 어떤 연관이 있는지 따져 보는 등 능동적이고 확산적인 학습 자세를 지님.

이 사례는 학교 선생님들이 일반적으로 사용하는 기재 방법이다. 학생이 학습한 교과적인 부분을 자세하게 인용하고 학생의 학습 자세 중 특기사항, 예를 들면 적극성 등을 높이 평가한 것이다. 이 기재 방법은 적극적으로 수업 참여를 하는 학생들에게 유리하다. 그러나 단편적인 서술로 인해 학생의 창의성을 알기에는 미흡할 수 있다.

둘째 유형, 수행과제에서 보여 준 학생의 장점을 부각한다.

확률과 통계(한양대 학종 가이드북에서 인용)

풀이 과정에서 논쟁거리가 될 법한 요소를 잘 찾아내어 그 논리를 주제로 토론하는 과정을 통해 자신은 물론이고 다른 친구들의 수학적 사고력을 향상시킴. 탐구심이 높아 모르는 내용이 있으면 항상 비판적인 질문을 통해 제 것으로 소화하는 좋은 습관을 갖고 있으며 이러한 과정을 통해 매 수업 시간을 생동감 있게 만듦. 또한 새로운 개념을 학습할 때 이미 알고 있는 내용이나 타 교과에서 배운 내용과 연관 지어 사고를 확장해 나가는 태도도 보기 좋음. '통계로 바라보는 세상' 글쓰기 시간에 통계 자료를 바탕으로 4대 강의 수질 오염 현황을 파악함. 통계에서 낙동강의 수질 오염도가 다른 강과 다른 분포를 가진 것에 의문을 품고 조사한 결과 2011년 갑작스러운 수질 오염도의 낙폭이 있었던 이유는 그해 실시된 수질오염 개선책 때문이라는 분석적 사고를 보여 줌. 이를 통해 통계는 논리적 사고과정의 윤활유 역할을 한다는 것을 습득함.

이 사례는 첫째 사례와 달리 평면적인 학습 자세만을 칭찬하지 않고, 더 나아가서 수행과제에서 나타난 학생의 융합적인 창조성과 심화성을 집중적으로 부각한다. 즉 1차원적인 칭찬보다 다면적인 각

도에서 학생의 우수성을 나타낸다. 필자가 생각하는 모범적인 세특 기재 사례이다. 모든 학생이 이런 세특을 기재해 주길 원할 것이다. 그러기 위해서는 학생이 수행과제를 작성할 때 좀 더 심화적이고 창의적으로 내용을 꾸며야 한다. 구체적인 방법은 뒤에서 좀 더 자세히 다룰 것이다.

셋째 유형, 다양한 방법으로 학생의 특기사항과 특성을 종합적으로 기재한다.

영어 독해와 작문

친환경 상품을 소개하는 안내문을 영어로 작성하는 활동에서 상품의 특성을 창의적으로 표현하는 방안을 제시함. 동료평가에서는 다른 모둠의 산출물에 대한 객관적이고 논리적인 의견을 제시하는 등 적절한 피드백을 제시하여 모든 학생의 학습에 크게 도움을 줌.

이 사례에서는 학생의 수행과제에서 나타난 활동에 대한 평가와 더불어 동료 학생들에게 어떤 도움을 주었는지를 구체적으로 얘기하면서 협동성도 부각하고 있다. 장차 봉사활동도 미반영되기 때문에 세특에서 이런 유형이 날로 늘게 될 것이다.

넷째 유형, 진로와 연계해서 융합적인 창의성을 기재한다.

실용영어(정치외교학과 지원)

수업 시간에 「How to make a movement」라는 Ted 강연을 본 후 강연자가 말하는 법칙 중 제3의 법칙에서 '대중들은 대대적인 움직임이 왜 일어나지 않는가'에 대해 의문점이 생겨 'Tribal leadership'이라는 강연을 추가로 조사하였음. 'Tribal leadership'에서 움직임을 표출하는 5단계가 있다는 사실을 깨닫고 제3의 법칙은 이 계층의 일부에서만 일어나므로 계층 간 소통이 중요하다는 것을 알게 됨. 'Tribal leadership'의 근본인 계층 간 의견 교환을 효율적으로 하는 방법에도 의문점이 생겨 「How good leaders inspire action」이라는 강연을 추가로 듣고 모든 내용을 정리하여 움직임에 대한 창의적이고 새로운 수학적 알고리즘을 만듦.

가장 우수한 세특 기재 유형이다. 이 학생은 정치외교학과를 지망하였다. 정치외교학은 당연히 영어가 필수인 학문 영역이다. 그래서 Ted 강연을 영어로 들은 학습 경험에다가 리더십에 대한 자신의 호기심을 심화학습으로 연계시켜서 심층적으로 조사하였다.

중요한 점은 수학적인 알고리즘을 만들었다는 내용이다. 이 학생은 모든 대학에서 원하는 학습 영역 간의 상호 교류라는 이상적인 활동을 보여 주었다. 앞으로 이런 유형의 세특 기재가 대학에 어필할 수 있을 것이다.

과목별 모범 세특

　세특은 각 과목별로 학생들이 수업 시간에 어떻게 공부했는지, 토론, 발표, 실험, 수행평가 보고서 등 모든 활동에 적극적으로 참여했는지를 평가한다. 따라서 과목별 세특에는 자신의 학업역량과 전공 적합성 등이 충분히 드러나야 좋은 세특이라고 할 수 있다.

　세특의 내용에는 학생의 진로가 구체적으로 나타나진 않는다. 그러나 학생이 활동한 내용을 보면 그 학생의 진로가 보인다. 그런 세특을 보통 우수한 세특이라고 말한다. 그러면 지금부터 과목별로 모범적인 세특을 알아보고 그런 세특을 위해서 어떻게 주제를 잡고 심화 보고서를 작성하는지 그 방법을 자세히 알아보기로 하자.

화법과 작문(서울대 예시)

'사람은 무엇으로 사는가?'라는 물음에 대한 글을 작성함. 이때 『1Q84』속 무라카미 하루키의 '그림자가 있는 곳에 반드시 밝은 빛이 비친다.'라는 말을 위시하여 부정적 상황에 대해 인간과 사회의 대처로부터 삶의 동력을 발견하고자 함. 또한 『데미안』, 『애프터 유』, 『데카메론』속 동서고금의 인물들을 예시로 들며 가치 체계 또는 관계의 상실 속에서 인간은 현실을 수용하고, 내적 탐구를 통해 자기의식을 확립한 후 삶의 동력을 회복할 수 있음을 주장함. 작문 과정에서 빅토리아 시대의 낙관론과 이후 세계 전쟁의 여파로 대두된 실존주의 등 사회적 흐름이 문학에 반영된 양상을 제시함. 이후 양귀자의 『한계령』에 대한 비평문에서 작품이 가지는 성장에 대한 관점이 '두 세계'로 표방되는 『데미안』속 관점과 연결되어 있음을 제시하고, 앞선 작문 활동과 연결 지어 성숙을 위해 세계를 '수용'하는 자세의 필요성과 효용성을 역설함. 이처럼 학생은 다양한 문학 작품 간 상호텍스트성에 기반을 두고 높은 수준의 비판적 분석역량을 드러냄. 또한 문학 비평 시 철학적 사고과정을 통해 학생 본인만의 창의적인 관점을 제시한 점도 우수하게 평가함

관전 포인트

학생이 작성한 발표문의 내용이 근원적으로 어떤 탐구활동에서 비롯했는지와 노력을 구체적으로 잘 기술하고 있다. 즉 자신의 결과물을 만들기 위해서 어떤 독서를 했으며, 거기에서 무엇을 알게 되었는지, 그리고 자신의 견해를 독창적이고 창의적으로 제시했다는 점을 명확하게 밝히고 있다. 모든 선생님이 이처럼 세특을 작성해 주지는 못하겠지만, 이 학생처럼 탐구는 할 수 있다. 즉 내가 할 수 있는 모든 역량을 진로와 결부시켜서 계단식으로 상승하는 모습을

보여 주는 것이 좋은 세특을 받기 위한 핵심이다.

문학(한양대 예시)

섬세한 읽기를 바탕으로 문학 작품의 내용과 형식이 긴밀히 연관되어 있음을 잘 이해하고 다양한 맥락에서 감상함. 채만식의 소설 「탁류」를 읽고 작품의 배경인 금강의 흐름과 초봉의 삶을 연계하여 그 의미를 파악하고 주제의식을 깊이 이해함. 문학사에 대한 수업을 들은 뒤에는 『고려가요 모음집』, 「무진기행」 등 시대별 문학 작품들을 문학사와 한국사를 비교하여 맥락을 파악하려 노력함. 관심의 저변을 넓혀 문학 작품에 반영된 시대상을 알아가는 것에 흥미를 느껴 근대 문학사를 정리하면서 전쟁, 독재, 산업화 등으로 인한 인간소외 현상이 현재에도 지속되고 있음을 지적하고 인간 중심적 사고와 기술의 진보가 조화를 이루어야 한다는 내용의 발표를 함. 인간과 사회를 바라보는 깊이 있는 시각과 더불어 우수한 표현력을 드러낸 발표였음. 또한 강은교의 「우리가 물이 되어」를 배운 뒤 '물'과 같이 자신에게 생명력을 불어넣어 주는 소재를 찾아 글을 작성하고, 고려가요 「동동」을 배운 뒤 월령체 형식을 모방하여 학교생활을 월별로 풀어낸 시를 창작해 내는 등 문학 작품에 대한 기본적 이해와 응용력이 뛰어난 학생이라고 판단되었음.

관전 포인트

이 학생의 장점은 학교 수업의 항목만 배우는 것에 만족하지 않고 지식의 확대를 다양한 방향으로 꾀하였다는 데 있다. 즉 「탁류」를 읽고 금강의 흐름을 연계하였으며, 시대별 문학 작품을 한국사와 비교하였다. 문제 해결 과정에서 기존의 틀을 벗어나서 본인만의 다양한 방법으로 시도하는 모습을 확인할 수 있다. 문학 작품을 사회현상 등과 융합하여 접근하는 모습도 보여 주어 창의적인 사고력을 잘 나타내고 있다.

위에서 살펴본 모범 세특처럼 기술되려면 어떻게 활동을 해야 할지 알아보자.

국어 과목은 토론, 토의 수업들도 많고 모둠 활동도 많아서 협업 능력도 보여 줄 수 있다. 모둠으로 프로젝트를 진행하여 발표할 때도 있다. 이때 모둠원들이 적절하게 발표 시간을 나누고, 미리 연습하여 진행이 잘돼야 좋은 점수를 받을 수 있다. 모둠원의 발표에서는 모둠원끼리의 배려와 역할 분담을 잘해야 전체 모둠원이 좋은 평가를 받을 수 있다.

개별 발표를 하는 경우에는 도서들을 서로 연계하여 분석하는 능력을 보여 주면 높은 평가를 받을 수 있다. 이때 연계할 수 있는 도서가 진로와 관련된 도서라면 자신의 진로와도 연결시킬 수 있다.

깊이 있는 심화 보고서를 제출해야 할 때는 되도록 재미있고 간결하게 만들고, 보고서는 따로 제출하는 것도 좋다. 친구들의 호응이 없으면 아무리 내용이 좋더라도 높은 평가를 받기 힘들다. 심화 보고서 작성을 위해서 논문도 찾아보고 해외의 연구 기사나 유튜브를 통해 해외 강의를 듣는 등 다양한 활동을 통해 자신의 독창적인 견해를 작성하는 것이 유리하다.

영어1(전기공학과 지원)

수업 시간 영어 5분 말하기 과제에서 'Deep Learning and Bib Data'라는 제목으로 평소에 자신이 관심 있는 분야인 정보통신 분야의 최신 트렌드 및 신기술을 주제로 발표를 준비하여, 다른 친구들이 어렵게 생각하고 이해하기 어려워하는 분야 IT 영어들의 의미를 정확하게 전달함. 대부분의 학생이 이러한 용어들에 대하여 의미를 정확하게 모르고 있는 것을 보고, 친구들에게 도움을 주고자 정확한 정의와 예를 들어 설명함. 특히 Deep Learning이라는 개념에 대한 정확한 이해를 끌어내기 위하여 Machine Learning이라는 개념과 비교 대조하면서 효과적으로 이해를 도왔음.

관전 포인트

이 학생은 자신의 진로인 전기공학자가 되기 위하여 갖고 있었던 자신의 지식을 영어라는 과목을 통하여 잘 활용하였다. 특히 친구들에게 개념을 명확히 설명하기 위해 발표를 준비했다는 사실을 통해 인성도 훌륭함을 잘 나타낸 세특이다.

영어2(건축공학과 지원)

영어를 어려워하면서도 수업 시간에 다른 행동을 하는 것을 본 적이 없을 만큼 성실히 수업에 임함. 적극적인 발표로 긍정적 수업 분위기 조성에 이바지함. '자연 친화적인 것의 혜택', '전자쓰레기를 줄이기 위한 행동 촉구'를 주제로 발표 수업 시 PPT를 만들어 내용을 효과적으로 제시하였고, 주제, 요약, 문법별로 내용을 정리해 줄 뿐만 아니라 출제 가능 형성평가까지 제공하는 등 내용을 이해하기 쉽도록 설명해 줌. 급우들이 발표하도록 유도하고 칭찬해 주는 등 학습 동기를 유발함. '노동의 의미'에 관한 글을 읽고 인생에서 일(직업)이란 성취감을 이루는 것을 의미하고, 직업 선택 시 중요한 것은 만족감이며 장래에 건축가가 되고 싶다는 내용의 글을 영작하는 등 점진적인 영작 발전을 보여 줌.

관전 포인트

이 학생의 꿈은 건축가이다. 영어 수업 시간에 적극적으로 활동하면서 선생님에게 좋은 평가를 받았으며, 자신의 특기를 살려 전자 쓰레기에 대한 자신의 의견을 영어로 잘 표현해서 칭찬받았다. 또한 친구들의 학습 의욕을 고취하는 활동을 하였으며, 영작 실력도 훌륭하다는 점이 주목받은 훌륭한 세특이다.

03 │ 사회 과목

경제(경제학과 지원)

사적 생산 활동이 만들어 내는 환경오염 문제를 자본주의 경제 체제의 구조 속에 어떻게 내부화할 수 있는지를 모색하며 외부 효과로 시장 실패의 사례들을 다양하게 분석 후 직접 규제와 교정적 조세, 코즈의 정리와 같은 사적 해결의 장단점을 비교 분석하여 탐구보고서를 작성함. 제임스 뷰캐넌이 주장한 분배 정책을 바탕으로 사회 전체 차원의 신뢰와 협동심의 도덕적 자산을 보호해 나가는 방안에 대해 발표함. 헤도닉 가격접근법과 조건부 평가법의 한계에 대해 토론함. 한국거래소 배출권 시장을 연구하고 우리나라 피구세나 배출권거래제도 이외의 환경에서의 순편익을 극대화할 방법에 대한 보고서를 작성하여 발표함.

이 학생은 경제학자가 진로 희망으로 경제학과 진학을 꿈꾼다. 미래의 경제학자 지망생답게 여러 가지 경제 현상과 이론들을 분석하고 발표하여 자질적 우수성을 잘 보여 준다. 선택 과목이 왜 중요한지를 단적으로 보여 주는 사례이다.

정치와 법(법학 관련 전공 지원)

수업 시간에 공소시효의 개념을 설명하면서 시효 제도와 법적 안정성의 관계에서 시효 제도는 일정한 사실 상태, 외관의 형식, 권리의 부재가 장기간 계속된 경우, 이 상태가 진실한 권리관계와 합치되지 않더라도 그 권리관계를 그대로 인정함으로써 법적 안정성을 확보하려는 제도라고 주장하고 공소시효 제도의 폐지 가능성에 관해 주장하였다. 특수불법행위에는 책임무능력자의 감독자 책임, 사용자의 배상 책임, 공작물의 점유자 배상 책임, 동물 점유자의 배상 책임, 공동불법행위 책임 등이 있다고 소개하고, 일반적인 불법행위와의 차이를 설명함.

관전 포인트

이 학생은 수업에서 자신의 전공적합성을 잘 나타냈다. 법 행위에서 나타나는 다양한 사례를 설명하고, 더 나아가 자신의 견해까지 전문적으로 주장하였다. 세특의 원래 목적에 잘 부합한 내용이다.

생명과학I(의학계열 지원)

산소호흡과 발효의 차이 및 알코올 발효와 젖산 발효 단원을 배우면서 발효의 과정에 대해 질문을 많이 함. 이후 효모의 숙성 촉진을 위한 여러 가지 요인에 대해 궁금증을 가지고 팀을 구성하여 탐구함. 효모의 숙성에 영향을 미치는 온도, 빛의 세기, 액성 등 다양한 변인에 관한 탐구를 체계적으로 실시했으며, 이해에 도움을 주고자 시청각 자료를 활용하여 효과적으로 발표함. 학생의 탐구력이 돋보임.

관전 포인트

진로 선택 과목은 과목 선생님이 쓸 거리가 많다. 자신의 진로에 유리하다고 생각하거나 흥미로워서 선택하는 우수한 학생이 많기 때문이다. 자신이 흥미롭다고 생각하는 부분에 대해 열심히 자료를 찾고 발표하면 선생님이 나머지를 채워 줄 것이다.

과학과제 연구(신소재공학과 지원)

평소 '탄산음료가 치아의 부식에 얼마나 영향을 줄까'라는 주제에 관심을 가져 스스로 주제를 뼈의 부식 정도 측정 및 치아에 미치는 영향 연구로 선정하고 실험을 조직함. 실험을 설계, 진행하는 과정에 가장 적극적으로 참여하고, 실험에 실패했을 때 조원들이 낙담하지 않도록 다독여 주며, 조원들에게 역할을 분담하여 능률적으로 연구를 진행하는 것에서 리더의 자질을 찾아볼 수 있었음. 조별 실험 토론 수업을 할 때 다른 조의 드라이아이스를 이용하여 온실효과를 확인하는 실험에서 서로 다른 온도의 비커 2개가 접촉하는 것을 보고, 열역학법칙에 의해 실험 결과에 오차가 발생한다고 지적하여 큰 인상을 남김. 과제연구 보고서를 논리적으로 작성하였으며, 완성된 결과물을 발표함. 실험 과정에서 조원들 간의 소통과 협력의 중요성에 대하여 깨닫는 계기가 되었다고 함.

관전 포인트

생활 속의 과학 현상에 관한 관심을 학문적으로 탐구한 좋은 사례이다. 과제연구 보고서의 내용 중 구체적인 사례를 좀 더 언급했으면 하는 아쉬움은 있으나 논리적으로 작성했다는 평가를 얻었기에 어느 정도는 만족할 수 있는 세특이다.

탐구보고서 작성법

탐구활동이란 어떤 주어진 문제를 그대로 받아들이지 않고, 의문을 가지고 객관적 관찰과 비판을 통하여 주어진 문제를 해결하거나 규명하는 것이다. 그래서 대학에서는 탐구능력이 뛰어난 학생을 선발하고자 노력을 기울인다. 그래서 탐구보고서 작성 여부는 학생의 우수성을 판단하는 데 중요한 참고 요소가 된다.

탐구보고서란 생기부의 세부능력 및 특기사항(세특)에 기재될 수 있도록 진로와 연계해 별도로 작성하는 보고서를 말한다. 대학에서는 학생의 탐구보고서를 통해 자기주도적 학습능력과 지적 호기심의 정도와 사고 능력 등을 유추해 볼 수 있다. 탐구보고서 작성은 중학교에 다닐 때는 거의 해 본 경험이 없어서 고등학교에서 막상 쓰려면 당황하는 경우가 많다. 그래서 여기에서는 탐구보고서 작성 방법을 설명하고자 한다. 절차를 표로 나타내면 다음과 같다.

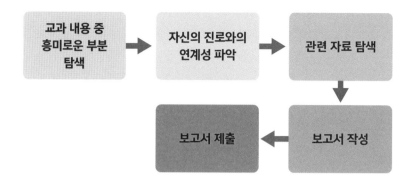

탐구보고서 작성 요령을 간단하게 설명하자면 '수업 시간에 배운 내용을 바탕으로 본인이 관심 있는 분야와 연계해서 폭넓고 깊게 융합적으로 접근한 보고서를 작성하는 작업'이다. 그러면 실제로 어떻게 작성하는지 단계별로 알아보자.

01 주제 선정법

첫 번째로 해야 하는 일은 주제를 선정하는 것이다. 물론 담당 과목 선생님이 수행평가 과제로 주제를 선정해서 주시기도 한다. 그러나 학생이 자율적으로 주제를 선정해서 제출하기도 한다. 여기서는 주제를 선정하는 것을 자율적으로 한다는 전제로 말해 보겠다.

자유주제란 특정 과목뿐만 아니라 진로활동에서도 많이 이루어진다. 다음은 생기부 진로활동란에 기재된 사례이다.

자유주제 탐구활동에서 '대체에너지의 문제점과 보완 방향'을 주제로 탐구하여 발표함. 대체에너지 개발 연구원이라는 자신의 진로와 관련지어 현재 대체에너지가 가진 장단점을 소개하였고, 특히 수소에너지가 지닌 가치와 발전 가능성을 강조함. 그러나 화석연료를 활용한 대체에너지는 완전한 대체에너지라고 볼 수 없음을 지적하면서 각 에너지기술이 가진 장점을 '융합'하여 에너지를 생산하는 것의 필요성을 언급함. 이를 위해 직접 태양광에너지와 수소에너지를 융합해 에너지를 생산해 보자는 실험을 기획하였고, 실제 실험을 설계하고 진행한 과정을 다양한 자료와 함께 설명함. 물의 전기분해 원리, 수상치환법, 수소연료전지의 원리 등 교과에서 배운 내용을 활용해 직접 실험을 설계하였고, 실험 결과 에너지를 얻을 수 있었지만, 에너지의 저장이 불가능하고 효율성이 떨어진다는 문제점을 깨달음. 이를 위해 에너지의 저장과 효율과 관련된 후속 탐구를 진행하는 등 관심 분야에 대한 깊은 탐구력이 엿보임. 탐구 주제의 창의성이 엿보이고, 이론에 대한 학습뿐만 아니라 실험을 설계하고 실행하는 등 적극적인 자세가 매우 인상적인 학생임.

자신의 진로와 관련 있는 주제를 잡아 탐구보고서를 잘 작성하고 제출했을 때 이처럼 기재될 수 있다. 과목에서 주제를 선정하는 방법을 알아보자.

첫째, 수업 내용이나 교과서에서 주제의 실마리를 잡는다.

탐구보고서는 교과서의 내용이나 선생님의 수업 내용 중에서 자신이 흥미롭다고 생각하는 부분을 좀 더 깊이 있게 탐색하는 지적인 작업이다.

예를 들면 한국 지리 시간에 젠트리피케이션이라는 현상에 대해서 배우게 되었다. 사회 구조적인 것에 관심이 많은 학생이라면 젠

트리피케이션의 해결방안으로 나온 '임대차보호법'을 좀 더 자세히 장단점을 분석하고 다양한 학술자료와 책을 보고 탐구활동을 한 결과물로 자기 나름의 개선안을 발표하는 식이다. 즉 사소한 것을 그냥 지나치지 않고 그것에 대한 의문과 궁금점을 해소하기 위한 노력이 필요하다.

또 다른 예로는 경제 시간에 아담 스미스의 '국부론'을 배우면서 국부론에서 말하는 이론이 사회주의 경제 체제하에서도 성립될 수 있는지에 대해 질문하고 추가 조사를 통해 자신만의 이론을 발표하는 것이다.

이과 지향 학생이라면 통합과학 시간에 수업 내용 중 '인간의 노화 원인'에 대한 궁금점을 주제로 선정하여 텔로미어 이론 관련 책을 읽고 자료를 수집하면서 구체적인 내용을 보고서로 작성해서 발표하는 것이다.

수학에 관심이 많아서 진로를 수학 관련 학과로 생각하는 학생은 수학 수업 시간에 피보나치 수열에 대해 배우고 나서 이와 관련한 트리나보치, 쿼드로나치, 루카스 수열의 삼각형에 대해 집중적으로 연구하고 관련 사항을 탐구보고서로 제출할 수 있다.

둘째, 자신의 관심사 중에서 주제를 정한다.

예를 들면 반려견에 관심이 많은 학생이면 반려견의 식용 문제나 유기견 문제 등을 사회적으로 처리할 방안 또는 생물학적으로 접근할 수 있다.

자신의 관심 사항이 무엇인지 명확하지 않은 학생은 신문이나 방송된 내용 중에서 자신의 관심사를 찾아보는 것도 한 방법이다. 신문에는 사회의 모든 면을 다루므로 자신이 관심 있는 최소한 한 가지는 찾을 수 있다. 관심 있는 기사를 찾으면 거기에서 더 자료를 수집하는 것이 심화 보고서 작성의 첫걸음이다.

셋째, 자신의 진로도 모르겠고 관심사도 무엇인지 모르겠다면 한가한 시간에 자신이 무엇을 하는지를 생각해 본다.

예를 들면 시간 날 때마다 PC 게임을 하는 학생은 'PC 게임 산업 실태와 육성 방안'이라는 주제를 도출해 낼 수 있다. 혹은 평소 화장에 관심이 많은 여학생이라면 '우리나라 화장품 산업에 미친 K-POP의 영향' 등을 주제로 삼아서 심화 보고서를 작성할 수 있다.

02 | 자료 탐색법

주제를 선정했으면 이제 탐색할 주제에 맞게 자료를 탐색해서 자신의 궁금점을 해결해야 한다. 인문계열의 주제이면 주로 논문·저널·참고도서를 활용하고, 이과계열의 주제이면 주제에 맞는 탐색 방법으로 실험·관찰도 활용할 수 있다. 참고할 수 있는 사이트와 진로별 도서 목록은 다음과 같다.

학술 논문 사이트

사이트명	주소
RISS 학술정보연구서비스	www.riss.kr/index.do
KISS한국학술정보	kiss.kstudy.com/
DBpia	www.dbpia.co.kr/
구글 학술검색(구글 스칼라)	scholar.google.co.kr/
국회도서관	www.nanet.go.kr/main.do
KOSIS 국가통계포털	www.kosis.kr/index.do
한국갤럽조사연구소	www.gallup.co.kr/

온라인 강좌 사이트

사이트명	주소
K-MOOC(한국형 온라인 공개 강좌)	www.kmooc.kr/
coursera(글로벌 온라인 학습 플랫폼)	www.coursera.org
Khan Academy(칸 아카데미)	www.khanacademy.org/
edX(글로벌 온라인 학습 플랫폼)	www.edx.org/
TEDEd(테드 에드)	ed.ted.com
KOCW(대학 공개 강의)	www.kocw.net/home/index.do
KAOS(카오스 재단)	www.ikaos.org/kaos

진로 희망별 참고도서 목록

역사학

책 제목	지은이	출판사
장정(1~4)	김준엽	나남
중국 대륙을 가다	조일문	자유출판사
이야기 러시아사	김경묵	청아출판사
이야기 한국사	이현희, 교양국사연구회	청아출판사
세상에서 가장 오래된 이야기	데오도르 H. 가스터	대원사
평화를 위한 역사	전원섭	도도
한국 고대문화의 기원	이형구	까치
미국사의 숨은 이야기	D. J. 부어스틴	범양사출판부
왕조의 후예	강용자	삼인행
한 그루 우주나무와 신화	김열규	세계사
청소년을 위한 라이벌 세계사	강응천	그린비
조선통신사, 일본과 통하다	손승철	동아시아
집안에 앉아서 세계를 발견한 남자	귄터 베셀	서해문집
고고학 탐험대(로마)	피오나 맥도널드	넥서스주니어
지도로 보는 중동 이야기	고야마 시게키	이다미디어
왕의 밥상	함규진	21세기북스
살아있는 세계사 교과서	한국역사교사모임	휴머니스트
발칙한 고고학	후주평	예문
반크 역사 바로찾기	이다	키네마인
한국 문화재 수난사	이구열	돌베개
식탁 위의 세계사	이영숙	창비
살아있는 한국사 이야기	한국역사교사모임	휴머니스트

독도를 부탁해	전국사회과교과연구회	서해문집
곰브리치 세계사	에른스트 곰브리치	비룡소
궁궐여행	송용진	지식프레임
청소년을 위한 한국사	백유선	두리미디어
아틀라스 중국사	박한제	사계절
살아있는 한국 근현대사 교과서	김육훈	휴머니스트
국사 시간에 세계사 공부하기	김정	웅진
하룻밤에 읽는 한국사	최용범	페이퍼로드
청소년을 위한 경제의 역사	니콜라우스 피퍼	비룡소

경제, 경영학

책 제목	지은이	출판사
백만장자 이력서	스티븐 스콧	21세기북스
거스 히딩크. 열정으로 승부하라	공병호 외	샘터
아빠가 들려주는 경제 이야기	최효찬	나무와숲
경제 기사랑 친해지기	류대현	새로운제안
성공하는 기업에는 스토리가 있다	김민주	청림출판
세계를 난타한 남자, 문화 CEO – 송승환	송승환	북키앙
몬스터 마을의 경제학	사이카린 신세이	프리미엄북스
아문센 마인드	마르쿠스 그레스만 외	생각의나무
보이지 않는 마음 : MIT 경제학	러셀 로버츠	월드컴M&C
경제 전쟁 시대 이순신을 만나다	지용희지	디자인하우스
10년 후, 나를 디자인한다	과학동아	동아사이언스
경제짱 디네로	디네로 프로젝트팀	이콘
청소년을 위한 이기는 습관	전옥표	쌤앤파커스

경제학 콘서트	팀 하포트	웅진지식하우스
타이쿤	찰스 R. 모리스	황금나침반
시골 의사의 부자 경제학	박경철	리더스북
스티브 잡스를 꿈꿔 봐	임원기	탐
경제와 금융 그렇구나	매일경제연구소	매일경제신문사
17살 경제학 플러스	한진수	책읽는수요일
청소년을 위한 만만한 경제학	김민준	지공신공
애커로프가 들려주는 레몬 시장 이야기	최병서	자음과모음
워런 버핏 소년들에게 꿈을 말하다	윤태익	랜덤하우스코리아
워런 버핏 이야기	앤 재닛 존슨	명진출판사
회계사 아빠가 딸에게 보내는 32+1통의 편지	아마다 유	비룡소
청소년 경제수첩	크리스티아네 오퍼만	양철북
하버드 박사의 경제학 블로그	김대환	살림출판사
청소년 부의 미래	앨빈 토플러	청림출판
청소년을 위한 경제의 역사	니콜라우스 피퍼	비룡소
잡스처럼 꿈꾸고 게이츠처럼 이뤄라	이창훈	머니플러스
힐러리처럼 일하고 콘디처럼 승리하라	강인선	웅진지식하우스
오프라 윈프리 이야기	주디 L. 해즈데이	명진출판사
간절히 꿈꾸고 뜨겁게 도전하라	이길여	웅진지식하우스
조선의 리더십을 탐하라	이영관	이콘
열등감을 희망으로 바꾼 오바마 이야기	헤더 레어 와그너	명진출판사
너의 이름보다는 너의 꿈을 남겨라	박은몽	명진출판사
더 큰 나를 위해 나를 버리다	박지성	중앙북스
세종, 소통의 리더십	김헌식	북코리아
내 사람을 최고로 키워내는 서번트 리더십	앨런 로이 맥기니스	책찌

여학생이면 꼭 배워야 할 힐러리 파워	데니스 에이브람스	명진출판사
무엇이 되기 위해 살지 마라	백지연	알마
한국인의 열정으로 세계를 지휘하라	류태형	명진출판사
10대를 위한 스타벅스 CEO 하워드 슐츠 이야기	김태광	인더북스
무엇이 될까보다 어떻게 살까를 꿈꿔라	김원석	명진출판사

자연과학

책 제목	지은이	출판사
현대문명의 빛과 그늘 – 원자력	이용수	한국원자력문화재단
두뇌 장수학	서유헌	민음사
스티븐 호킹	J. P. 맥어보이	이두
과학은 모든 의문에 답할 수 있는가	리처드 도킨스, 존 브록만	두산동아(단행)
지구를 살리는 50가지 방법	지구를위한모임	현암사
한국의 곤충	남상호	대원사
우주의 발견	마틴 하워드	민음사
에피소드 과학사(1~3)	아서 셧클리프	우신사
시간의 역사	스티븐 호킹	삼성출판사
약과 인간	로버트 골드 외	이화여자대학교출판부
민물고기를 찾아서	최기철	한길사
지구환경 보고서 1990	레스터 R. 브라운 외	따님
지구의 마지막 선택	S. 보일 외	동아출판사
자연의 종말	빌 맥키벤	동아일보사
재미있는 이야기 한국과학사(1~3)	박성래 외	스포츠서울
가이아	J. E. 러브록	범양사출판부
과학의 전도사 리처드 파인만	태기수	자음과모음
하리하라의 생물학 카페	이은희	궁리출판

역사를 바꾼 17가지 화학 이야기(1~2)	페니 카메론 르 쿠터, 제이 버레슨	사이언스북스
청소년을 위한 케임브리지 과학사 3 : 화학 이야기	아서 셧클리프	서해문집
라마찬드란 박사의 두뇌 실험실	라마찬드란 외	바다출판사
전재승의 과학 콘서트	정재승	어크로스
뇌과학자는 영화에서 인간을 본다	정재승	어크로스
과학자의 서재	최재천	명진출판사
하리하라의 과학 24시	이은희	비룡소
정답을 넘어서는 토론학교 과학	가치를꿈꾸는 과학교사모임	양철북
세 바퀴로 가는 과학자전거	강양구	뿌리와이파리
청소년을 위한 시간의 역사	스티븐 호킹	웅진지식하우스
이야기 과학사	위르겐 타이히만	웅진지식하우스

사회학, 정치외교학

책 제목	지은이	출판사
바보처럼 공부하고 천재처럼 꿈꿔라	김의식	명진출판사
외교관은 국가대표 멀티플레이어	김효은	럭스미디어
외교관의 솔직 토크	임기모	동아일보사
세계를 설득한 반기문 리더십	유한준	북스타
세계를 향한 무한도전	서경덕	종이책
한국인이 아닌 세계인으로 성공하라	UN과 국제기구 운영진	살림출판사
아들아, 너는 세계를 무대로 살아라	유동철	북로그컴퍼니
청년 반크, 세계를 품다	박기태	랜덤하우스코리아
조선 최고의 외교관 이예	박현모, 이명훈	서해문집
지도 밖으로 행군하라	한비야	푸른숲

지구촌 시대의 평화와 인권	박경서	나남
힐 더 월드	국제아동돕기연합	문학동네
코리아 브랜드 세계를 매혹시키다	김지윤	명인문화사
MT 정치외교학	최진우	장서가
왜 세계의 절반은 굶주리는가?	장 지글러	갈라파고스
메이드 인 베트남	카롤린 필립스	검둥소
열다섯 살의 용기	필립 후즈	돌베개
굶주리는 세계, 어떻게 구할 것인가?	장 지글러	갈라파고스
노벨평화상 수상자와 함께하는 평화 학교	이반 수반체프 외	다른
세계에서 빈곤을 없애는 30가지 방법	다나카 유 외	알마
여기가 당신의 피난처입니다	이호택	창비
기아, 더 이상 두고 볼 수 없다	로저 서로우, 스코트 킬맨	에이지21
다문화 콘서트	김승욱	법문사
사막의 꽃	와리스 디리	섬앤섬
난 두렵지 않아요	프란체스코 다다모	주니어RHK
청소년 인권 수첩	크리스티네 슐츠 라이스	양철북
사이시옷	손문상	창비
십시일반	이희재	창비
길에서 만난 세상	오수연, 전성태	우리교육

필자는 자료 검색을 할 때 일단 논문 찾기에서 시작하는 것을 추천한다. 자신이 관심을 가진 주제와 관련 있는 논문을 읽어 보면 수많은 참고문헌과 인용이 나온다. 그 부분을 다시 탐색해서 들어가면 보고서 작성에 필요한 자료를 찾을 수 있다. 어렵다고 생각하지 말고 논문을 읽어 보자. 논문은 심화 보고서 작성의 길잡이이다.

| 1 | 서론 작성법

주제를 찾고 관련 자료를 탐색했으면 이제는 목차별로 내용을 정리해야 한다. 그러면 목차는 어떻게 구성해야 할까? 목차는 일반적으로 서론, 본론, 결론의 3단계와 참고문헌으로 구성한다. 구체적으로 알아보자.

서론은 먼저 탐구의 필요성 및 목적에 관한 내용이 들어가야 한다. 즉 내가 하는 탐구가 왜 가치가 있는지, 무슨 목적으로 하는지를 명확하게 밝혀야 한다. 탐구보고서는 감상문과 달리 글 쓰는 형식과 더불어 정확성과 논리성이 중요하다. 서론에서는 애매한 표현을 배제하고 자신의 탐구 목적을 간결하게 밝히는 동시에 결론에 대해 암시를 하는 것이 중요하다.

다음은 젠더 갈등, 특히 여성의 입대에 대한 심화 보고서 중 서론 부분이다.

심화 보고서 서론 실제 작성 예

우리나라 헌법 제39조 1항은 "모든 국민은 법률이 정하는 바에 의하여 국방의 의무를 진다."라고 하여 국민의 국방의 의무를 규정하고 있다. 한편 병역법은 이를 구체화하여 "대한민국 국민인 남성은 대한민국 헌법과 이 법에서 정하는 바에 따라 병역의무를 성실히 수행하여야 한다. 여성은 지원에 의하여 현역 및 예비역으로만 복무할 수 있다."라고 규정하고 있다.

국방의 의무는 국민의 의무 중 하나로 국가의 존립 및 안전을 수호하기 위한 것으로 이는 국가공동체에 필연적으로 내재하는 헌법적 가치이다. 과거 헌법재판소에서는 징병제의 대상을 남자만으로 하는 것에 합헌 결정을 내린 바 있다. 대표적인 이유로는 여자는 출산해야 하며 출산은 국가 존속의 핵심이라는 점이다. 하지만 이는 사회적 합의를 거치지 않은 헌법재판소의 일방적 결단이라고 볼 수 있으며, 군가산점제도까지 폐지된 현재에서 남자들은 충분히 불합리적이라고 생각할 수 있다. 또한 2020년 10월에 이루어진 SBS의 여론조사에 따르면 응답자의 52.8%가 여성 징병제 도입에 찬성했고, 반대자는 35.4%이었다.

여성 징병제가 사회적으로 중요한 이슈로 부각되고 있다. 본 글에서는 여성 징병제를 둘러싼 사회적 갈등의 중요한 논쟁점과 관련지어 여성의 군 참여 문제에 대해 다뤄 보겠다.

위의 예를 보면 연구의 목적과 어떤 식으로 다룰지를 잘 서술했다. 필자는 서론에서 대략적인 연구 방향을 구체적으로 제시하면 더 좋았을 것으로 생각한다. 서론에서는 왜 보고서를 쓰게 되었는지 배경과 연구 방향을 밝히는 것이 필수이다.

| 2 | 본론, 결론 작성법

이제 본론을 작성해 보자. 본론을 작성하는 가장 쉬운 방법은 주제와 관련된 논문을 찾아보는 것이다. 논문을 읽고 자신이 관심을 두고 있는 분야의 지문을 발견하면 해당 지문이 속한 책이나 기사를 찾아보고, 추가로 관련 논문까지 찾아 정리해 보면 보고서나 발표문 작성에 많은 도움이 된다.

　본론의 내용은 목차를 처음 구성할 때 쓴 차례대로 쓰면 된다. 예를 들면 다음과 같다.

심화 보고서 제목 : 검경 수사권 조정 이후 검찰의 지위 및 역할 재정립

목차
1. 서론
2. 검경 수사권 조정이란?
3. 검찰과 사법경찰의 관계
4. 검찰의 사회적 지위 변화
5. 결론(대한민국 검찰의 미래)
※참고문헌

　서론에서는 자신이 쓰는 보고서의 목적과 방향을 제시하고, 본론에서는 문헌이나 실험을 통해 얻은 실제 사례를 자신이 의도하는 결론에 이르도록 논리적으로 제시한다. 그런데 본문은 목차가 중요한 역할을 한다. 자신이 수집한 지식을 어떻게 논리적으로 연결해 자신이 원하는 결론을 도출할 수 있는가가 핵심이다.

　본론을 구성했으면 결론에서는 자신의 생각을 구체적으로 정확하게 서술해야 한다. 본론에서 자료를 논리적으로 배열하고 내용을 잘 소개했는데, 결론이 무엇인지 명확하게 말하지 않으면 지금까지

의 작업이 의미가 없어진다. 앞의 예에서는 대한민국 검찰이 앞으로 무엇을 추구해야 하는지 정확한 서술이 있어야 한다.

또 하나 명심해야 할 사항은 서론에서 언급한 결론에 대한 구체적인 답이 나와야 한다는 것이다. 서론에서 결론에 대한 윤곽을 제시했으면 거기에 대한 답을 결론에서 명쾌하게 내놔야 한다.

TIP 전공적합성과 계열적합성

학종으로 진학을 원하는 3학년 학생들을 상담하다 보면 1, 2학년 때 정한 진로가 3학년 때 변경되는 경우 어떻게 해야 하는지 묻는 경우가 많다. 그럴 경우 전공 적성보다는 계열적합성을 볼 필요가 있다. 1, 2학년까지는 컴퓨터공학 전공을 원해서 수학, 물리 시간 수행과제를 할 때 진로를 컴퓨터공학으로 해서 작성했지만, 3학년 때 마음이 바뀌어서 기계공학과로 변경하더라도 학종에는 문제가 없다.

전공은 계열보다는 좁은 개념이라 전공 변경은 큰 문제가 없다. 그래서 고려대나 서강대는 전공적합성보다는 계열적합성을 살펴본다고 말하는 것이다.

물론 이 경우에는 관련 과목의 내신이 중요하다. 즉 기계공학에 관련된 과목인 수학과 물리, 화학 과목의 내신이 좋으면 3학년 때 전공을 변경하고 수행과제나 자유주제로 심화 보고서를 그쪽으로 작성해도 학종에는 문제가 발생하지 않는다.

문제는 수학, 물리 과목의 성적은 좋지 않고 오히려 국어나 영어 과목만 좋을 경우이다. 이는 계열적합성이 바뀌는 경우라서 학종에는 굉장히 불리하다. 즉 전공적합성보다는 계열적합성이 더 중요하다.

물론 1학년부터 3학년까지 일관된 진로 희망에 따라 전공적합성을 나타내는 학교활동을 충실히 하는 것이 최고이다. 그러나 계열적합성만 유지되어도 내신만 뒷받침되면 합격할 가능성이 크니 너무 걱정하지 않아도 된다.

PART 4

학종의 마침표는 면접이다

학종과 면접은 불가분의 관계에 있다. 2017년 경희대 입학 전형 센터 주관으로 전국 대학 입학사정관들에게 '학생부종합전형에서 가장 중요한 요소가 무엇인가'를 묻는 설문 조사 결과 면접이 지원 학과 관련 교과 성적에 이어 2위를 차지하였다.

2024년부터는 지금보다 면접의 중요성이 더 강조될 것이라 예상된다. 왜냐하면 생기부 내의 반영 항목이 대폭 축소됨으로써 면접이 학생의 역량을 파악할 수 있는 마지막 방법이기 때문이다.

지금부터는 유형별, 대학교별 면접 문항을 분석해 보고 대비법을 알아보고자 한다. 면접 유형은 학생부와 자소서 기반 면접과 제시문 기반 면접 두 유형으로 요약할 수 있다. 여기서는 자소서가 폐지된 다는 전제하에 학생부 기반 면접 기출문제를 살펴보기로 한다.

서울대, 연세대, 고려대는 입학전형별로 제시문 기반 면접과 학생부, 자소서 기반 면접을 활용한다. 그 밖의 학교에서는 주로 자소서와 생기부 기반 면접을 하고 있다. 성균관대, 한양대, 서강대에서는 서류 평가로 학생을 선발하고 면접을 하지 않는다. 중앙대와 경희대, 서울시립대에서는 제시문 기반 면접을 한다.

학생부 기반 면접 문항

학생부 면접 문항은 학생부를 기반으로 면접 질문을 시행하는 관계로 학교별로 차이가 드러나기 힘들다. 대개 교과 성적의 추이, 세특, 독서활동 등을 중심으로 질문을 한다. 앞으로는 세특과 독서활동을 연계한 면접이 주를 이룰 것으로 예상한다. 그러면 학생부 항목별로 면접 문항을 살펴보자.

01 | 교과 성적 관련 면접 문항

내신 관련 질문은 주로 성적에 대해서 집중적으로 물어본다. 특정 과목이 약한 이유와 성적을 향상시키기 위해 자신이 특별히 노력한 점 등을 물어보기도 한다. 성적이 하락한 학기가 있다면 미리 답변을 준비해 놓는 것이 바람직하다. 그리고 자신만의 학습법이 있다면 미리 정리해 놓고 면접에 임하기 바란다.

- 영어 성적이 학기별로 들쑥날쑥했는데 자신만의 학습법에 문제가 있는 것은 아닌지, 아니면 영어에 흥미가 없나요?
- ○학년 ○학기 수학 성적이 전 학기에 비해 많이 떨어졌는데 무슨 특별한 이유가 있었나요?
- 항상 국어 성적이 영어 성적에 비해 좋지 않은데 이유가 무엇인가요? 국어를 싫어하나요?
- 1학년 때 전체 내신 성적이 부진하다가 2학년 때는 많이 향상되었는데 어떻게 학습을 해서 성적이 올라갔나요?
- 전공어과 성적보다 기초 교과 성적이 많이 뒤처지는데 이유가 무엇인가요?
- 주요 교과 성적과 나머지 교과 과목 성적 간에 차이가 크게 나는 이유가 무엇인가요?

02 ┃ 자율활동 관련 면접 문항

자율활동은 주로 임원 활동, 소모임 활동, 자치 활동 등에 관련한 질문을 많이 한다. 학생부를 보고 자신이 활동한 것을 일목요연하게 정리하면 도움이 될 것이다. 요즘은 임원을 했다는 경력 자체보다 임원으로서 자신이 속한 학급과 학교에 어떻게 공헌했는지를 더 중요하게 생각한다. 임원을 하면서 자신이 공적으로 내세울 만한 점이 있으면 미리 정리해 보자.

- ○학년 ○학기에 학급회장을 하였는데 자신의 성장에 어떤 도움을 주었다고 생각하나요?
- 회장과 부회장의 역할이 어떤 점에서 활동하는 데 차이가 있고, 개인적 성장에는 어떤 직책이 더 도움을 준다고 생각하는지 얘기해 보세요.
- 학생회 활동을 하게 된 동기를 말해 보세요.
- ○○에 대한 진로 교육을 받고 나서 어떤 점을 깨달았으며, 그 이후에 자신의 행동이 어떻게 변화되었나요?
- 자신이 생각하는 바람직한 리더의 모습에 대해 말해 보세요.
- 학급 임원 활동을 하면서 급우들과 이견이 있을 때 어떻게 갈등을 해결했는지 말해 보세요.
- 본인이 주도적으로 수행했던 학교 행사 중 가장 기억에 남는 행사는 무엇이며 그 행사를 통해 어떤 점을 깨달았나요?
- ○○강연회를 들었는데, 이 강연이 자신의 진로 설정에 어떤 도움을 주었나요?
- 서번트 리더십이 현대에서 어떤 의미를 지니고 있다고 생각하나요?
- 학생회 간부로서 학교 선생님과 학생 간의 중재 역할을 잘했다는데, 구체적인 사례를 들어서 중재자의 역할에 관해 설명해 보세요.

진로활동은 자신의 지원 학과, 계열과 밀접한 관련이 있는 항목이다. 자신의 생기부에 기록되어 있는 진로활동과 자신의 지원하는 학과나 전공과의 연계성에 대해 다시 한 번 살펴보고 면접에 임하자.

- 진로가 1학년 때와 2학년 때가 다른데 특별한 이유가 있었나요?
- 자신의 꿈이 유전공학자인데, 꿈을 이루기 위해 학교에서 어떻게 노력했는지를 소개해 주세요.
- 진로를 설정할 때 도움을 받은 책이 있으면 소개해 주고, 특히 어떤 점에서 도움을 받았는지 설명해 주세요.
- 자신의 진로가 컴퓨터 프로그래머라고 했는데, 프로그래머가 가져야 할 필수 자질 3가지가 무엇인지 말해 보세요.
- 수학 성적이 타 과목보다 좋지 않은데도 경제학과를 지원한 이유는 무엇인가요?
- 자신이 존경하는 역사학자가 누구이며 그 이유는 무엇입니까?
- 외교관이 되고 싶은 이유와 필요 자질은 무엇이라 생각하나요?

동아리활동은 보통은 진로 희망과 관련되어 있으나 그렇지 않은 경우도 많다. 이런 경우 면접관은 그 이유에 관해서 관심을 가질 수밖에 없다. 그 이유에 대해서 솔직하게 답하면 별문제가 없다.

- 자율동아리로 독서동아리를 했는데 자신이 전공으로 택한 국문학에 어떤 도움이 되었나요?
- 1학년과 2학년 동아리활동이 서로 다른데 바꾸게 된 이유가 무엇인가요?
- 자율동아리활동으로 수학동아리를 개설했는데, 거기서 전공 관련 지식 획득에 어떤 도움을 받았나요?
- 토론 관련 동아리활동을 했는데 기억에 남는 토론 주제는 무엇인가요?
- 동아리활동이 자신의 인성 발전에 어떤 도움을 주었나요?
- 동아리활동에서 리더와 부원의 역할 차이에 대해서 말씀해 보세요.
- 자율동아리 개설을 위해서 어떤 노력을 했나요?

5 | 봉사활동 관련 면접 문항

봉사활동은 지원자의 인성을 파악할 수 있는 문항이다. 봉사활동의 목적과 동기, 그리고 자신이 그 활동으로 인하여 인격이 성장하는 데 어떻게 도움이 되었는지 잘 정리해 보자.

- ○○ 봉사활동을 하면서 무엇을 느꼈고 배웠는지 말씀해 주세요.
- 노인 복지를 위해서 우리가 해야 할 일은 무엇이라고 생각하나요?
- 친구들에게 수학 멘토 활동을 했다고 하였는데, 친구들에게 어떤 도움을 주었고 멘토 활동을 위해 어떤 노력을 기울였는지 말해 주세요.
- ○○ 봉사활동이 자신의 성장에 어떤 도움을 주었는지 말해 보세요.
- 연간 많은 시간을 봉사활동에 할애하였는데, 학습에 방해가 되지는 않았나요?

06 | 세부능력 및 특기사항 관련 면접 문항

세특은 지원자의 학습능력을 평가하는 데 가장 중요한 요소이다. 자신의 지원 전공과 관련된 과목 수업 시간에 발표한 내용, 토론 주제, 발표 내용 등에 대해 주로 질문한다. 미리 면접 문항을 구상해 보고 거기에 맞는 대답을 정리해 보자. 관련해서 읽은 자료, 책 등은 꼭 정리해 보는 것이 좋다.

- ○○ 발표를 하였는데 어떤 자료를 참고하였나요?
- 환경 관련 보고서를 작성하였는데 보고서의 내용을 설명해 보세요.
- 국어 수행과제를 하면서 설문 조사를 하였는데 조사에 사용한 기법은 무엇이었나요?
- 물리 시간에 배운 ○○ 이론에 관해 설명해 보세요.
- 1학년 때 ○○를 주제로 UCC를 제작하였다고 했는데 그 과정을 통해 어떤 점을 배웠나요?
- 인문계열을 지망하는 학생에게 수학이 왜 중요한가요?
- 2학년 때 영어토론대회에 참가하였다고 했는데 자신의 주장을 영어로 간결하게 말해 보세요.
- 국어 과목에서 부족한 점을 보완하기 위해 어떤 노력을 했는지 말씀해 보세요.
- 과제탐구 보고서 작성에서 제일 어려웠던 점은 무엇이었나요?

- 연구의 주제는 어떻게 선정하였나요?

- 연구의 필요성과 목적은 무엇인가요?

- 고급 화학을 수강한 이유와 수강하고 나서 어떤 점을 알게 되었나요?

- 가장 기억에 남는 실험이나 토론 주제는 무엇이었나요?

07 | 독서활동 관련 면접 문항

독서는 지원자의 지적 깊이를 측정할 수 있는 귀중한 항목이다. 감명 깊게 읽은 책이나 영향력이 컸던 책은 따로 정리해서 숙지하는 것이 중요하다. 특히 진로와의 연계성, 특정 이론에 관련된 책이면 그 내용을 숙지해야 한다.

- 자신의 진로 설정에 도움을 준 책 2권과 그 이유를 설명해 보세요.

- 독서가 지식 향상에 어떤 도움을 준다고 생각하나요?

- 독서활동이 타 학생과 비교해서 많지는 않은 것 같은데 특별한 이유가 있나요?

- ○○ 책을 원서로 읽게 된 이유는 무엇인가요? 번역본 책과 비교해서 어떤 점이 다르다고 생각하나요?

- ○○ 책을 읽고 자신의 사고의 폭이 넓어졌다고 했는데 구체적

으로 설명해 보세요.

- 책을 읽은 후 꾸준히 독후감을 작성했다고 했는데 어떤 점에서 도움이 되었나요?
- 독서가 인성 발달에 어떻게 도움을 준다고 생각하나요?
- 1학년 때는 독서활동 기록이 적은데 무슨 이유가 있나요?
- ○○ 책의 내용 중 가장 감명 깊었던 부분은 무엇인가요?
- ○○ 책을 읽고 한 후속 활동이 있나요?

08 | 행동특성 및 종합의견 관련 면접 문항

행동특성 및 종합의견은 담임 선생님의 종합 관찰지이다. 자신의 학업 수행, 다양한 진로활동, 봉사활동 등을 토대로 다양하게 모의 질문을 만들고 준비하면 도움이 될 것이다.

- 담임 선생님이 장래가 촉망되는 학생이라고 평가하셨는데 진로를 어떻게 계획하고 있나요?
- 학급에서 친구들 간에 갈등이 생겼을 때 어떻게 중재를 했나요?
- 리더십이 훌륭한 학생이라고 하는데 리더십을 발휘한 사례를 말해 보세요.
- 2년 동안 학급 임원 활동을 하였는데 가장 어려운 일은 무엇이었나요?
- 교사의 역할과 학급 임원의 역할이 어떤 점에서 다른지 설명해

보세요.

- 자신이 교사라면 학생의 잠재력을 향상하기 위하여 어떤 노력을 할 것인가요?
- 전교회장을 했는데 그 공약은 무엇이며 실제로 실천을 했나요?
- 담임 선생님이 인성적인 면이 타의 모범이 된다고 했는데 실제 사례를 말씀해 주세요.
- 자신이 어떤 사람인지 두 줄로 표현해 보세요.
- 우리 학교에서 왜 지원자를 선발해야 하는지, 그 이유를 2가지만 들어 보세요.

제시문 기반 면접 문항

제시문 기반 면접은 서울대를 비롯하여 연세대, 고려대 등 많은 대학에서 실시하는 면접 유형이다. 서류 기반 면접이 생기부와 자소서 등 제출서류 내용에 대한 진실성을 확인하기 위한 목적이 강하다면, 제시문 기반 면접은 지원자의 학업역량을 평가하고자 하는 목적이 강하다. 제시문을 통해 종합적 사고력, 논리적 사고력, 창의적 사고력 등을 종합적으로 평가하는 것이다.

제시문 기반 심층(구술) 면접은 단지 정답 또는 지식의 유무를 묻는 시험이 아니다. 제시문의 공통점과 차이점을 정확히 분석하고 문제 의도에 맞춰 논리적으로 답변하는가를 중요하게 평가한다. 자신의 주장을 뒷받침할 근거와 논리 구조에 제시문 내용을 적절히 활용하고, 제시문의 서로 다른 입장을 보여 주면서 합리적인 대안을 도출해 내기를 기대한다. 학생 답변에 나타난 논리와 사고의 역량을 살피면서 학생이 지원 학과에서 제대로 공부할 수 있을지 담당 교수들이 체크한다.

서울대는 기대한 답변이 아니더라도 추가 질문과 힌트를 학생에게 던지며 이를 어떻게 끌어 쓰고 딛고 나아가는지를 평가하며, 연세대는 사고의 확장력을 강조하고, 고려대는 제시문을 활용해 다양하게 생각하고 조리 있게 설명하는 논리적 사고력을 확인한다. 세학교 모두 지식 자체가 아닌 지식으로 향하는 과정을 세심하게 살펴본다.

계열에 따라 제시문의 출제 형식이 달라진다. 윤리와 사상, 문학과 철학 등 인문학 중심 문제, 문학과 철학에 각종 도표와 그래프를 함께 배치하는 인문학과 사회과학 결합 문제, 문학 작품에서 수학 공식을 추출하여 활용할 수 있는 인문학과 수학 결합 문제, 기업 경영과 경쟁, 사회현상과 예측 활동에 수학 공식을 접목하는 사회과학과 수학 결합 문제, 자연과 생명의 운동과 현상에 수학 공식을 적용하는 수학과 과학 결합 문제 등이 대표적인 유형이다. 최근에는 블록체인, 인공지능 등 4차 산업혁명의 최신 이슈와 수학 공식을 활용하는 문제들이 늘어나는 추세이다.

요즘 의대에서 실시하는 MMI 면접도 제시문 기반 면접의 한 유형이다. 주로 딜레마 상황을 제시문으로 주면서 지원자의 사고능력, 논리적 추론능력, 인성을 측정한다.

제시문 기반 면접에 대비하기 위한 최선의 방법은 독서가 제일 유용하다. 그러면 어떻게 독서를 하면 제시문 기반 면접에 대비할 수 있는지 살펴보자.

면접이 임박해서 대비하는 학생은 기출문제를 풀어 보는 것이 유용하다. 그러나 그것은 면접이 임박해서 하는 방법이며, 평소에는 다음과 같이 준비하는 것이 좋다.

첫째, 책을 읽을 때 정독하는 습관을 들인다.

책을 많이 읽는 것도 중요하지만 내용을 소화해 내는 능력이 더 중요하다. 특히 자신의 진로와 관련 있는 책들을 읽을 때는 정독하면서 앞뒤 내용을 충분히 이해하며 독서를 해야 한다. 정독하면 집중력이 길러지고 사고능력도 향상된다. 전문 서적은 꼭 정독하는 습관을 길러야 한다.

둘째, 면접시험 한 달 전부터는 지원 학교의 홈페이지에 들어가서 기출문제를 풀어 본다.

제시문 기반 면접 문항도 수능 기출문제와 마찬가지로 많이 풀수록 도움이 된다. 물론 같은 제시문과 질문이 나올 리는 없지만, 경향은 충분히 숙지할 수 있다. 문제를 풀어 보면 자신감도 상승하고 면접 당일에도 긴장하지 않고 시험을 볼 수 있다.

셋째, 질문에 충실한 대답을 하는 연습을 한다.

제시문을 자기 나름의 시각으로 분석하는 우를 범해서는 안 된다. 각 제시문은 질문에 관련해서 분석해야 한다. 질문에서 요구하는 대답을 해야 유리하다. 종종 자신의 시각으로 답변을 준비하는 학생들이 있는데, 제시문이 나온 것은 질문과 관련이 있기 때문이라는 것을 명심하자.

03 서울대 면접 분석

서울대는 수시에서 지역균형선발전형과 일반전형 두 전형 모두 면접을 시행한다. 단 면접 형태는 다르다. 지역균형선발전형은 제출 서류를 토대로 서류 내용을 확인하고 기본적인 학업 소양을 평가한 다(사범대학의 경우 교직 적성, 인성 면접 포함). 반면에 일반전형은 제 시문이 주어진다는 점에서 구분된다. 어떻게 다른지 구체적으로 알아보도록 하자.

01 | 지역균형선발전형 면접

지역균형선발전형과 기회균형선발 특별전형I에서는 별도의 문항 없이 서류 내용과 기본적인 학업 소양을 확인하는 면접을 실시한다. 학교생활기록부에 기재된 내용과 자소서에 기재된 내용을 기반으로 면접을 실시하므로 일반전형 면접에 비해 대비하기가 수월하다. 지원자는 자신의 이야기와 학업능력을 서류 기재 내용의 연장선상에서 풀어 설명하면 된다.

면접은 10분 내외에 걸쳐 진행되며, 지원자의 제출서류(학생부, 자소서 등)에 적힌 활동을 토대로 지원자의 대학 및 모집단위에 지원한 동기, 탐구생활 수행 문제의식, 독서 내용, 관심 분야와 학업계획의 연계성, 문제 해결 또는 역경 극복 사례 등에 대해 질문한다.

특히 서울대는 독서를 중요시하므로 독서에 연계된 질문을 많이 한다. 예를 들면 정치외교학과 지망생이 플라톤의 『국가론』을 읽었다고 했다. 이 학생에게는 "『국가론』에서 말하는 이상적인 국가는 무엇인가?"라고 물은 뒤 "플라톤의 생각에 동의하는지? 비판할 점이 있다면 무엇인지?"를 물었다. 지원 학생이 플라톤의 생각을 비판하자 "그런데도 플라톤이 우리에게 주는 교훈이 있다면 무엇이라고 생각하는가?"라는 질문을 또 던졌다.

경영학과 지망생에게는 "최근 독서활동 중 행동경제학에 관련된 내용이 있는데 행동경제학 중 가장 인상 깊었던 부분이 있다면 말해 보세요."라고 질문한 후 지원자가 대답하자 "답변한 내용이 전부는 아닌 것으로 안다. 더 말해 보라."라고 추가 질문을 했다.

이처럼 서울대 지역균형선발전형에서는 독서활동에 대해 자세히 물어보는 경우가 많다. 2024년 자소서가 폐지되면 진로 관련해서 세특에 기재된 책이나 독서활동 기록상의 책에 대해 집중적으로 물어볼 가능성이 크다. 따라서 자신의 진로와 관련된 책에 대해서는 철저히 분석하고 다른 학문과의 융합적인 부분도 잘 검토해야 면접에서 좋은 점수를 받을 수 있을 것이다.

학업이나 교과와 연계된 동아리활동이나 비교과 경험, 자신의 인성을 나타내는 봉사활동에 대해서도 숙지해야 한다. 그리고 지역균형선발전형은 제시문 면접이 아니기 때문에 전공에 대한 지식을 면접을 통해 확인하고자 한다. 그러므로 전공 관련 과목의 기초 개념, 원리, 법칙에 대해서도 미리 정리해서 살펴볼 필요가 있다.

서울대 지역균형선발전형에서 면접의 비중은 1단계 성적 70점보다 비중이 약한 30점이다. 그러나 면접을 소홀히 생각하면 1단계에 합격하고 나서도 떨어지는 경우가 발생할 수 있다.

02 | 일반전형 면접

수시 일반전형에서 시행하는 출제 문항 기반 면접/구술고사는 교과 지식을 묻는 문항을 공동으로 출제해 사용한다. 고교 교육과정상의 기본 개념 이해를 토대로 단순 정답이나 단편 지식이 아닌 종합적 사고력을 평가하는 것에 중점을 둔다고 한다.

주어진 제시문과 질문을 바탕으로 면접관과 수험생 사이의 자유로운 상호작용을 통해 문제 해결 능력과 논리적이고 창의적인 사고력을 종합 평가한다. 면접 전에 준비 시간이 주어지는데 인문계열은 30분 내외, 자연계열은 45분 내외이다. 면접 시간은 15분 내외이다.

인문계열은 인문학과 사회과학 관련 제시문이 출제되며, 경제학부는 사회과학과 수학 관련 제시문이 출제된다. 자연과학계열은 수학, 과학의 물리, 화학, 생명과학, 지구과학 관련 문제들이 출제된다.

　서울대 일반전형에서 2단계는 1단계 서류 점수와 같을 정도로 비중이 크다. 따라서 1단계에 합격했더라도 면접을 잘 봐야만 합격할 수 있다. 면접이 당락을 결정하는 구조이므로 세심하게 준비할 필요가 있다.

연세대 면접 분석

01 | 전형별 면접 비중(2024년 입학 전형)

전형명	단계	학생부 교과	면접
학생부교과	1	100%	–
	2	70%	30%
학생부종합 (활동우수형/국제형)	1	100%	–
	2	60%	40%

연세대는 학생부교과전형과 학생부종합전형 모두 면접을 시행하고 있으나 비중이 각각 30%와 40%로 차이가 있다. 그러나 서울대와 달리 모든 전형에서 제시문 기반으로 면접을 한다. 즉 서울대의 지역균형선발전형보다 학생부교과전형의 면접이 더 차별성이 두드러질 수 있다.

02 | 면접 대비 방법

전공에 대한 직간접적인 지식을 테스트하는 제시문이 출제된다. 그러나 난이도가 높은 전문 지식보다는 기초 개념, 원리, 법칙 등의 활용능력을 확인하는 경향이 있다. 따라서 자신이 지원하는 전공 관련 과목의 개념, 원리, 법칙에 대한 정리가 필요하다.

2021년 인문계열 제시문에서는 수학적 개념을 활용하여 사회적 현상을 이해하는지를 측정하는 문제가 출제되었다. 함수로 표현된 사회경제적 요인들의 관계를 근거로 제시문의 관점을 분석할 수 있어야 한다.

연세대 제시문은 갈수록 정교해지고 있고, 창의적 해결능력을 알아보고자 한다. 자연계열 수학 과목에서는 구체적으로 조합에 관한 기본 개념과 원리를 묻는 문제를 출제하였다. 고등학교 수학의 중요한 개념과 확실한 이해를 바탕으로 제시된 조건과 상황을 정확히 분석하여 논리적 사고력과 창의적 문제 해결 능력을 발휘할 수 있는지를 평가하였다. 물리, 화학, 지구과학 등의 과목도 교과과정의 기본 개념과 원리의 이해를 바탕으로 다양한 과제를 수행하도록 하여 문제 이해력, 논리적 분석력, 문제 통합 및 해결 능력을 골고루 평가하고자 하였다. 특히 기본 개념으로부터 시작하여 다양한 물리적 상황을 체계적으로 해결하는 능력을 평가하고자 하였다.

이제 생기부의 반영 항목이 줄어질수록 연세대는 면접을 강화하고자 하는 방향으로 움직일 가능성이 크다. 다시 말하면 면접이 본고사화되는 것이다. 특히 인문계열에서는 영어 제시문도 제출되고 있어 영어의 중요성은 절대 낮아지지 않았다. 국어, 영어, 수학 등 기초 과목의 실력 향상에 더욱더 노력을 기울여야 할 것이다.

05 고려대 면접 분석

01 전형별 면접 비중(2024년 입학 전형)

전형명	단계	학생부교과	면접
학업우수전형	1	100%	–
	2	70%	30%
계열적합전형	1	100%	–
	2	50%	50%

고려대는 연세대와 달리 학생부교과전형에서는 면접이 없고 일괄 전형으로 학생부교과 80 + 서류 20으로 선발한다. 학생부종합전형의 2개 전형은 전부 다 면접을 시행하고 있는데 비중이 각각 30%와 50%이고, 계열적합전형은 면접 비중이 50%에 달해 실제로 면접 때문에 당락이 결정될 수 있는 구조이다.

2022년 인문계열 제시문에서는 '공리주의', '국가 행복지수', '공공선', '소극적 공리주의' 등의 키워드를 바탕으로 출제되었다. 소극적 공리주의의 내용을 종합적으로 파악하여 현실 영역에 적용하고 그것의 순기능과 역기능을 고찰하는 능력을 알아보고자 하였다. 연세대와 달리 현상을 함수화하는 수학적 개념을 적용하기보다는 순수 인문학적인 견지에서 제시문이 출제된 점이 다르다고 할 수 있다.

자연계열에서는 제시된 수학과 과학 현상에 대한 정확한 이해를 바탕으로 하나의 공통 개념을 유추하고, 그 근거를 합리적으로 설명할 수 있는 능력을 평가하고자 하였다. 공통으로 연상되는 개념에 대해 이해하고 이를 수학, 과학, 사회현상 등 다양한 분야에 적용할 수 있는지 평가하고자 한 것이다. 또한 주어진 정보를 종합적으로 활용하여 제시된 문제를 해결하고, 자신의 의견에 대한 근거를 논리적으로 설명할 수 있는지도 평가하고자 하였다.

고려대도 연세대와 마찬가지로 제시문 기반 면접을 통하여 최종적으로 지원자의 학업능력을 평가하려는 의도가 강하게 나타난다. 고려대도 갈수록 제시문의 난이도가 상승할 것으로 예상되므로 서울대, 연세대, 고려대를 지원하는 수험생들은 기초 과목의 개념을 확실히 이해하는 데 학습 초점을 두어야 할 것이다.

경희대 면접 분석

    2024년 기본 계획을 보면 경희대는 학생부종합전형인 네오르네 상스전형 2단계에서 면접의 비중이 30%로 계획되어 있다. 타 전형에서는 서류와 내신으로만 선발할 예정이다.

    네오르네상스전형도 간단한 제시문에 대한 자신의 의견을 얘기하는 면접으로 진행한다. 2021년 인문계열 기출문제는 다음과 같다.

> 수도권의 면적은 대한민국 전체 면적의 12%를 차지한다. 그러나 수도권의 국내 총 생산은 전체 국내 총생산의 절반을 차지하며 경제 성장에 중추적 역할을 담당하고 있다. 특히 서울은 2017년 세계 도시 종합경쟁력 순위에서 6위에 오를 정도로 글로 벌 자본이 집중되며 정보와 문화가 생산·전달되는 세계적 도시로 자리매김하고 있 다. 이러한 수도권의 역할에도 불구하고 정부는 세종특별자치시와 혁신도시의 건설, 그리고 공공기관의 이전을 통해 수도권의 인구와 기능을 분산하는 정책을 시행하고 있다. 이러한 정부의 수도권 분산 정책은 대한민국의 지속 가능한 발전에 기여할 수 있는지 의견을 밝히시오.

위와 같이 사회적 통합과 공동체, 빈곤 퇴치와 일자리, 그리고 생태계 수용 능력을 고려하는 경제 성장 등이 포함된 포괄적인 개념에 대한 자신의 의견을 말하는 문항이 출제되었다. 인구와 기능의 분산이 가지는 의미와 영향을 자신의 논리에 따라 일관성 있게 설명하는지를 측정하는 데 목적이 있는 문제였다.

자연계열의 기출문제는 다음과 같다.

> 바이오에너지는 식물, 동물, 미생물 등의 유기성 생물체를 총칭하는 바이오매스를 물리적·화학적 변화를 통해 고체, 액체, 기체 연료나 전기에너지, 열에너지 형태로 이용하는 기술이다. 바이오에너지는 화석 연료를 사용하는 것에 비해 공해 물질을 현저하게 적게 배출하고 태양광이 있는 한 어느 곳에서나 계속 원료를 생산할 수 있어 지속 가능하다. 하지만 바이오에너지 생산을 위해 농산물을 생산하던 농지를 활용하여 농업인들의 생계가 위협받고 있으며 식량 생산에 차질이 생겨 식량 가격 상승을 초래한다. 바이오에너지에 대한 긍정적인 입장과 부정적인 입장 중 한 가지를 선택하여 자신의 의견을 말하시오.

바이오에너지 사용에 대한 긍정적인 입장과 부정적인 입장을 택하고 거기에 따라 논리적·합리적으로 자신의 의견을 말하는 것이 핵심이다.

경희대 면접은 서울대, 연세대, 고려대와 달리 간단한 현황을 담은 서술문에 자신의 의견을 피력하는 문제 유형이다. 따라서 평소 논리적이고 분석적인 책 읽기를 한 학생이라면 비교적 수월하게 대답할 수 있으리라 생각한다.

TIP 면접 잘 보는 학생의 5가지 특징

면접 잘 보는 학생들을 살펴보면 공통적으로 다음 5가지 특징이 있다. 이런 학생이 되려고 평소에도 노력하면 면접에서 좋은 점수를 받을 수 있으리라 생각한다.

첫째, 낙천적이다.

이런 학생들은 매사에 긍정적인 태도를 지닌다. 내신은 뛰어나지 않으나 항상 매사에 적극적이고 긍정적인 학생이 있었다. 필자가 학생부에서 아쉬운 항목을 지적하면서 이 부분이 걱정이니 이렇게 대비해야 한다고 얘기했다. 그러자 그 학생은 빙그레 웃으면서 말했다. "그게 약점이긴 하지만 그래도 면접관들에게 인간적인 면을 보여 줄 찬스 아닌가요? 너무 완벽하면 이상하잖아요." 면접관들도 이런 학생을 좋아한다. 비관적인 것은 준비할 때는 좋으나 면접에서는 긍정적인 태도를 유지하는 것이 좋은 인상을 줄 수 있다. 이 학생은 당연히 자신이 원하는 학교에 합격했다.

둘째, 준비성이 철저하다.

면접도 연습하면 좋은 성적을 받을 수 있다. 어떤 학생들은 면접의 변별력을 우습게 보고 적당히 준비하고 가는데, 그렇게 하면 십중팔구 떨어진다. 면접 전에 자신의 학생부로 모의 질문지를 만들어서 철저히 준비해야 한다. 면접 준비는 많이 하면 할수록 자신감이 붙어서 좋은 결과를 만들어 낼 수 있다.

셋째, 예의가 바르다.

나쁜 행동이 습관화된 학생은 자신도 모르게 면접 중에 다리를 떤다든지, 머리를 흔들기도 하는데 평소 예의범절에 신경 쓰는 학생들은 이런 행동을 할 가능성이 적다. 그러다 보니 면접점수를 잘 받을 수밖에 없다. 자신의 행동 중에 잘못된 습관이 있는지 점검해 보고 고치도록 하자. 예의는 면접 때문이 아니라도 사회생활에서 중요하다. 답변할 때 미소 짓는 것이 좋은 줄 알지만 습관이 된 학생은 많지 않다. 지금부터라도 미소 지으며 말하는 연습을 하자.

넷째, 말할 때 태도가 호감을 준다.

말할 때 한숨을 내쉬거나 머리를 긁적이거나 답변할 때 면접관의 눈을 뚫어져라 쳐다보는 학생이 있다. 집중하는 모습을 보여 주려는 행동이지만 우리 사회에서는 상대방의 눈을 정면으로, 더구나 연장자의 눈을 뚫어지게 쳐다보는 것은 실례이다. 눈과 코 사이나 머리 살짝 위를 쳐다보는 것이 상대방을 편하게 한다는 것을 잊지 말자.

다섯째, 정신력이 강하다.

면접 때 대처하기 어려운 질문을 받으면 당황해서 우는 학생이 있는데, 이런 경우 면접관들이 낮은 점수를 줄 가능성이 크다. 자신의 감정을 자제하지 못하는 학생은 이성적인 사고를 필요로 하는 대학 교육에 어울리지 않는다고 생각하기 때문이다. 면접관의 압박 질문에도 당황하지 않고 자신감을 가지고 면접에 임하면 좋은 결과가 나올 수 있다.

PART 5

대학별
학생부종합전형 분석

서울대 학생부종합전형

학생부종합전형의 전신인 입학사정관제는 1920년대 미국에서 유대인의 입학 증가를 억제하기 위해 도입됐다. 일종의 '인종차별'을 위한 제도였던 셈이다. 성적뿐 아니라 인성, 운동 실력, 지역 등의 기준을 대학 입시 전형 요소에 포함하면서 다양한 인재를 선발하는 통로가 되었다.

서울대는 모든 학생이 입학하고 싶어 하는 최고의 학교이다. 그래서 서울대의 학종 선발 기준은 다른 대학에서도 참고하게 되고 기준이 될 수밖에 없다. 서울대의 학종 구성과 선발 기준을 알아보면 다른 학교의 학종 선발 기준도 쉽게 이해할 수 있을 것이다.

서울대 학종은 지역균형선발전형, 일반전형, 기회균형특별전형I
의 3가지 전형으로 구성되어 있다.

알기 쉽게 표로 나타내 보면 다음과 같다.

전형 구분	전형 내용	전형 요소
지역균형선발전형	다양한 지역적, 사회·경제적 배경하에서 고등학교 교육과정을 충실히 이수한 잠재력 있는 인재들을 선발하기 위한 전형	서류 평가 면접
일반전형	학업능력이 우수하고, 모집단위와 관련된 분야에서 재능이나 열정을 가진 학생을 선발하기 위한 전형. 고등학교 교육과정을 이수하면서 다양한 형태로 발현될 수 있는 학생의 열정과 재능을 다각도로 평가하여 모집단위 특성에 부합하는 학생을 선발한다.	서류 평가 면접 구술고사
기회균형특별전형I	다른 학생들에 비해 지역적 어려움이 있지만 적극적인 자세와 열정, 도전 정신을 통해 이를 슬기롭게 극복하여 우수한 성취를 이룬 학생들을 선발하기 위한 전형. 농어촌 지역 학생, 농업생명과학대학에 지원하는 농생명계열 고교 졸업예정자를 대상으로 운영한다.	서류 평가 면접

02 | 평가 기준

서울대는 점수 위주의 정량적 선발 방식을 탈피하고자 한다. 학
생들의 학업능력과 발전 가능성을 면밀히 평가하기 위해 수치의 단
순한 합산을 넘어서는 평가 방법을 고민해서 나온 결과물이 학생부
종합전형이라고 말한다. 즉 '생기부 등 제출서류에 기반을 둔 종합

적이고 다면적인 평가'를 도입하게 되었다는 것이다. 이는 교과 성적, 교내 활동의 결과만 평가하는 것이 아니라 그 동기와 과정까지 다면적이고 심층적으로 평가하는 방법이다.

종합적인 평가 방식의 가장 큰 의의는 각각의 점수를 단순히 합산하는 방식으로는 평가할 수 없는 학생들의 학업능력과 잠재력을 더욱 면밀하게 평가할 수 있다는 점이다. 학생들이 대부분의 시간을 보내는 고등학교에서 이루어지는 활동과 노력을 중심으로 평가하기 때문에 학생들이 학교 교육 안에서 성장하는 데 기여할 수 있다.

2015년 개정 교육과정이 도입되면서 학생은 자신의 선택에 따라 원하는 과목을 이수할 수 있다. 2015년 개정 교육과정이 추구하는 인간상은 서울대가 지향하는 가치를 실천할 수 있는 인재의 모습과 크게 다르지 않다. 학생은 고교 교육과정을 이수하는 과정에서 다양한 교과 학습을 통해 자신의 진로를 찾아가고, 원하는 과목이 있다면 관련 영역의 선택 학습까지도 적극적으로 참여해 충실한 고교 생활을 보내면 된다.

학생은 본인이 재학 중인 학교의 교육 자원이 어떻게 제공되는지 잘 살펴볼 필요가 있다. 만약 진로 선택을 위한 과목이 충분히 개설되고 원하는 분야를 깊이 있게 학습할 수 있는 환경이라면, 여건을 활용해 최선의 노력을 다해 학교에서 배우는 교과 내용을 나만의 의미 있는 지식으로 만들어야 한다.

본인에게 필요한 과목이지만 소수 학생만 선택해 평가에서 불리할까 걱정하는 경우가 있을 수 있다. 하지만 그렇더라도 도전해 볼 것을 권한다. 기회가 주어졌을 때 나를 발전시킬 수 있는 선택을 하라는 것이다. 만일 학교에서 제공하는 교육 자원이 부족하고, 선택의 기회가 충분하지 않더라도 정규 교육과정 내에서 교과서와 수업 내용을 바탕으로 더 깊이 있게 공부하면 된다.

서울대 학종 가이드북에 나타난 평가 기준 3가지는 학업능력, 학업태도, 학업 외 소양이다. 이 3가지를 알기 쉽게 표로 나타내면 다음과 같다.

학업능력 폭넓은 지식을 깊이 있게 갖추고 활용할 수 있는 학생인가?	주어진 여건에서 교과 및 학업 관련 활동의 성취 수준과 논리적 사고력, 과제수행능력 등의 역량을 평가합니다.
학업태도 스스로 알고자 하며 적극적으로 배우고자 하는 학생인가?	자기주도적 학습 경험에서 나타나는 지적 호기심과 탐구 의지, 깊이 있는 배움에 대한 열의, 학업 수행 과정에서의 적극성 및 진취성, 진로탐색의지 등의 학업 소양을 평가합니다.
학업 외 소양 바른 인성과 공동체 의식을 지니고 나눔을 실천할 수 있는 학생인가?	학교생활을 통해 드러난 개인의 품성뿐만 아니라 리더십, 공동체 의식, 책임감, 사회 구성원으로서의 기여 가능성 등을 평가합니다.

출처 : 서울대학교 홈페이지의 학종 가이드북

| 1 | 학업능력

학업능력은 학생을 평가하는 데 가장 중요한 항목이다. 학업능력은 반드시 교과 성적과 일치하지 않는다. 학생들의 학업능력은 교과 공부뿐 아니라 교내 탐구활동, 교내 대회, 독서활동, 동아리활동 등을 통해서도 향상될 수 있다. 입학사정관은 생기부의 교과학습발달 상황, 세부능력 및 특기사항, 창의적 체험활동 상황(학업 관련 활동), 학업 관련 탐구활동, 독서활동 상황, 행동특성 및 종합의견, 자소서 등을 통해서 학생의 학업능력을 판단하는 데 필요한 정보를 얻는다. 학업능력에서 중요하게 여기는 교과학습발달 상황과 창의적 체험활동에 대해 자세히 살펴보겠다.

교과학습발달 상황

교과학습발달 상황에서 교과 성적 지표는 학생의 학업능력을 판단할 수 있는 다양한 자료 중 하나이다. 교과성취도를 파악할 때에는 학년별/과목별 반영비율은 없으며, 전 교과목의 3년간 성취도를 정성적으로 평가한다.

다음 표는 서울대 학종 가이드북에 있는 교과 성적의 예이다. 수강자가 300명인 과목에서 1등급을 받은 성적과 수강자가 20명인 과목에서 3등급을 받은 성적을 단순히 비교하는 것은 적절한 평가 방식이라 할 수 없다. 수강자 수, 원점수, 과목 평균, 표준편차, 석차등급, 성취도, 성취도별 분포비율, 학년별 성적 변화, 선택 과목 특성 등 다양한 정보를 통해 수치가 가지고 있는 의미와 정보를 정성적으로 해석한다.

학년	학기	과목	이수단위	등급	인원	원점수	평균	표준편차
1	1	○○○	3	1	300	98	71.2	15.4
2	2	○○○	2	3	20	94	89.2	4.6
3	1	○○○	2	A	-	-	-	-

교과 성적을 평가할 때는 학생이 이수한 과목의 선택 상황을 고려한다. 교과별 성취수준의 특성 및 학습활동 참여도, 자기주도적 학습에 의한 변화와 성장 정도를 평가한다. 소수 학생이 선택한 과목이나 난이도가 높은 과목을 이수하여 수치상 결과가 다소 나쁜 경우라도 학생의 도전 정신과 호기심을 긍정적으로 평가한다면 도전하지 않은 학생에 비하여 더 좋은 평가를 할 수도 있다. 따라서 소규모 학교나 소수 학생이 이수하는 과목을 수강하는 것이 서류 평가에서 절대 불리하지 않다.

세특에 기재된 교재나 수업 내용(토론, 발표, 실험 등), 그 안에서 보인 학생의 노력, 과제 수행 내용 등을 통해 학생이 수업에서 학습한 내용과 수준을 파악하여 단순히 교과 성적 수치로 볼 수 없는 학생의 역량을 살펴볼 수 있다. 예컨대 과학 교과 이론 수업에서는 비슷한 수준이라고 여겨지던 학생이 실험 수업에서 실험 설계 능력, 문제 해결 능력 등의 우수성이 드러나는 경우, 수학 교과에서 유독 통계 부분에 강점을 보이는 경우 등 수치화된 성적으로 드러나지 않는 학생의 우수성을 평가한다.

창의적 체험활동 상황

창의적 체험활동 중 자율활동, 동아리활동, 진로활동 등에서 학생의 학업 관련 우수성이 드러난다면 평가 대상이 될 수 있다. 독서활동, 탐구활동 등의 학내 활동을 통해 드러나는 우수성을 볼 수 있는 부분이다. 동아리에서 '농구반'보다 '심화수학반'이 의미 있다는 것은 아니다. 창의적 체험활동 중 학업 외적인 부분에서 충실히 활동했다면 학생의 개인적 특성과 학업 외 소양 부분에서 그 우수성을 판단할 수 있다.

탐구활동이 가능한 학교가 있지만, 그렇지 않은 학교도 많다. 탐구활동 경험의 여부로 학생을 판단하지 않는다는 게 서울대의 기준이다. 탐구활동이 어려운 환경이라면 주어진 여건 내에서 자신의 학업능력을 향상하기 위해 노력한 부분을 평가한다. 이 부분에서 중요한 것이 독서를 통한 진로 탐구활동이다. 자신이 속한 학교의 환경이 열악해서 다양하고 전문적인 동아리활동이 없다고 낙심하지 말고 스스로 독서나 다른 자료를 탐색해서 학습하면 그 부분을 평가해주겠다는 것이다. 여기에서는 독서가 가장 중요하다.

이 말은 특목고, 자사고처럼 좋은 학교 환경이 갖추어지지 않은 일반고 학생들에게 중요한 팁이다. 서울대에 들어가고 싶은 일반고 학생들은 지금부터라도 자신의 진로를 탐색하기 위한 독서를 하고, 독서를 통해 진로에 맞춘 심층적인 학습을 할 것을 권한다. 길이 없으면 만들어 가면 된다. 길을 만들다 보면 남들이 모르는 지름길도 알게 되고 그것이 자신만의 무기가 될 수 있다.

| 2 | 학업태도

서울대는 학생들의 자기주도적 학습 경험에서 나타나는 지적 호기심, 탐구 의지, 학업에 대한 적극성과 진취성, 진로 탐색 의지 등을 고려하여 평가한다. 이와 같은 특성은 교과 학습뿐 아니라 관심 분야에 대한 적극적인 독서활동, 글쓰기, 탐구활동, 실험 수업, 교내 대회 참여 등 다양한 학습 경험에서 드러난다.

대학에서는 생기부의 교과학습발달 상황, 창의적 체험활동 상황, 독서활동 상황, 행동특성 및 종합의견을 통해서 학생이 어떤 학업태도를 보여 왔는지 살펴본다. 예를 들어 수업에서 지원자가 학업 기회를 찾아 지속해서 적극적으로 도전한 내용이 보인다면 지원자의 학업태도를 긍정적으로 평가할 수 있다.

서울대 학종 가이드북에서 밝힌 평가 기준은 다음과 같다.

첫째, 열심히 공부한 이유는 무엇인가?

이 항목은 즉 진로를 선택한 동기가 어디서 출발했는지를 보는 것이다. 부모님이나 다른 외부인의 영향으로 특정 진로를 택했는지, 아니면 자기 스스로 진로를 찾기 위해 노력해서 결정했는지를 본다. 당연히 자기주도적인 학생을 더 높게 평가한다.

둘째, 지식을 쌓기 위한 과정은 어떠하였는가?

적극적이며 지속적으로 노력하였는가? 학교생활 전반에 적극적으로 참여하였는가?

이 항목은 진로를 찾고 자신의 진로를 개척하기 위한 적극적인 노력이 학교활동에 나타나 있는지를 찾는 것이다. 한 번의 호기심으로 그쳤는지, 아니면 꾸준히 자신의 꿈을 달성하기 위한 노력을 했는지, 그래서 학교활동에 적극적으로 참여했는지를 평가한다.

셋째, 스스로 알고자 하는 호기심과 도전적 태도가 나타나는가? 자기주도적으로 학습하였는가?

이 항목은 진로와 관련된 활동들이 외부의 도움으로 이루어진 것인지, 아니면 자기주도적으로 학습하여 동아리활동, 독서활동, 창의적 체험활동을 통해서 나타났는지를 평가한다.

| 3 | 학업 외 소양

서울대는 학교생활에서 나타난 지원자의 성품뿐 아니라 리더십, 공동체 의식, 책임감, 사회 구성원으로서의 기여 가능성 등을 평가한다.

대학에서는 생기부에서 학업 이외의 창의적 체험활동 상황, 봉사활동, 행동특성 및 종합의견을 통해 학생의 대인관계 및 인성 등 개인적 특성을 판단한다. 이때 학생의 개인적 특성을 경험의 유무나 활동의 양으로 판단하지 않는다. 예컨대 임원 활동 경력이 많은 학생이 리더십이 있다고 판단하지 않는다는 것이다. 임원 활동의 횟수보다 맡은 역할과 활동 내용을 질적으로 판단하며, 봉사활동도 양이 아닌 활동 내용과 학생에게 미친 영향을 중심으로 평가한다.

그러나 이제 봉사활동의 특기사항이 미기재되고 개인 봉사활동 실적이 미반영되면서 봉사활동과 관련된 인성적인 측면은 행동특성 및 종합의견에 의존하게 될 것으로 보인다. 학업 외 소양에 대한 구체적인 평가 기준은 다음과 같다.

첫째, 바른 인성을 갖추려 노력하였는가?

학생이 학업에만 열중하고 인성적인 부분에 결함이 있는 것은 아닌지를 보겠다는 것이다. 이제부터는 담임 선생님의 행동특성 및 종합의견에 의존하게 될 것이다.

둘째, 학교생활을 통해 리더십을 발휘한 경험이 있는가? 공동체 의식을 지니고 있는가?

리더십은 임원을 한 횟수가 중요한 것이 아니라 학교생활을 하면서 다른 친구들을 위해 헌신한 부분이 있는지를 본다.

셋째, 폭넓은 시야를 갖추기 위해 노력한 경험이 있는가?

서울대는 융합적이고 수용적인 자세와 능력을 갖춘 학생을 선발하고 싶어 한다. 현상에 대해 일면만 보지 않고 이면에 있는 숨겨진 의미를 파악하려는 노력을 기울여야 한다. 예를 들면 경제에서 단순히 경제성장률에 나타난 숫자의 의미뿐만 아니라 그 숫자 안에 내재돼 있는 사회경제 구조에 대한 성찰이 있어야 한다는 것이다.

넷째, 학교생활에서 겪은 어려움은 무엇이며 이를 극복한 경험이 있는가? 사회적 약자를 배려하고 도움을 주고자 하는 마음이 있는가?

모든 학생이 학교생활을 하면서 100% 순탄하게 지내기는 어렵다. 때로는 학우들 간에 갈등이 있을 수 있다. 중요한 것은 이런 어려움을 극복하기 위해 자신이 노력했는지 여부이다. 이런 어려움을 극복한 사례를 보면 그 사람의 인간성이 드러나기 마련이다. 사회적 약자에 대해 배려하는 마음도 학교생활에서 가다듬고 배양해야 한다. 이런 인성적인 면을 발휘한 사례를 찾고 싶어 한다.

03 | 종합평가 방법

서울대는 서류평가 과정에서 크게 학생의 학업능력과 학업태도, 학업 외 소양에 대해 평가한다. 지금까지는 한 종류의 서류나 항목만으로 학생을 평가하지 않으며 제출된 생기부와 자소서의 내용을 모두 반영하여 종합적으로 평가해 왔다. 그러나 자소서가 폐지되는 2024년부터는 생기부에 의존할 수밖에 없을 것이다.

예를 들어 적극적인 학업태도를 갖춘 학생인지를 판단하기 위해 생기부에 기재된 수업 참여도와 과목 선택 내역, 교내 프로그램 참여 현황, 학업 관련 교내 활동 참여 노력 등 생기부에서 드러나는 모든 부분을 종합적으로 고려하게 될 것이다. 생기부에서 특정 부분만 평가에 활용하는 것이 아니라 교과학습발달 상황, 교내 수상, 독서활동 상황, 행동특성 및 종합의견, 창의적 체험활동 등 기재된 모든 내용을 평가 대상으로 할 것이다.

학업능력, 학업태도, 학업 외 소양 등은 생기부 모든 항목에 기재될 수 있다. 그것을 항목별로 분류하여 종합적으로 평가하는 것이 서울대의 종합평가 방법이다. 지금까지는 종합평가에서 자소서가 중요한 역할을 하였지만, 자소서가 폐지됨으로써 이 기능은 생기부와 면접으로 분산될 전망이다.

5개 대학 학생부종합전형
(건국대, 경희대, 연세대, 중앙대, 한국외대)

5개 대학(건국대, 경희대, 연세대, 중앙대, 한국외대)에서 2022년에 「학생부종합전형 공통 평가요소 및 항목개선 연구」라는 제목으로 연구 보고서를 발표하였다. 5개 대학은 학종 평가를 할 때 고유의 틀은 있지만 학종에 대한 공동연구를 한 만큼 평가 기준은 같을 것이라는 가정하에 살펴보고자 한다.

2022년 발표에서는 이전에 발표한 학종 평가 요소와 다른 점이 있다. 기존의 '학업역량', '전공적합성', '인성', '발전 가능성' 4가지 평가 요소는 '학업역량', '진로역량', '공동체역량' 3가지 역량 중심 평가 요소로 개정되었다. '학업역량'에서 '학업태도와 학업 의지'는 '학업태도'로, '탐구활동'은 '탐구력'으로, '진로역량'에서 '전공 관련 교과목 이수 및 성취도'는 '전공(계열) 관련 교과 이수 노력'과 '전공(계열) 관련 교과성취도'로 분리되고, 기존 연구의 평가 항목인 '전공에 관한 관심과 이해'와 '전공 관련 활동과 경험'을 통합하여 '전공' 대신에 '진로 탐색 활동과 경험'으로 변경되었다. '공동체역량'에서는 기존의 '인성' 및 '발전 가능성' 평가 항목 중 '협업과 소통능력', '나눔과 배려',

'성실성과 규칙 준수', '리더십'으로 재구성되었다.

한마디로 말하면 기존에는 전공적합성 여부를 중시하던 개념에서 좀 더 광의적으로 계열적합성 여부를 측정하는 것으로 학종의 평가 개념을 바꾸었다는 것이다. 이것은 생기부에 기술되고 반영되던 항목이 축소됨으로써 나타난 개념의 변화로 보인다. 학생들로서는 학종 준비를 좀 더 편하게 할 수 있을 것으로 보인다.

평가 요소 및 평가 항목 개선안을 이전과 비교해서 표로 나타내면 다음과 같다.

평가 요소 및 평가 항목 개선안

현행		개선안	
학업 역량	· 학업성취도 · 학업태도와 학업의지 · 탐구활동	학업 역량	· 학업성취도 · 학업태도 · 탐구력
전공 적합성	· 전공 관련 교과목 이수 및 성취도 · 전공에 대한 관심과 이해 · 전공 관련 활동과 경험	진로 역량	· 전공(계열) 관련 교과 이수 노력 · 전공(계열) 관련 교과 성취도 · 진로 탐색 활동과 경험
인성	· 협업능력 · 나눔과 배려 · 소통능력 · 도덕성 · 성실성	공동체 역량	· 협업과 소통능력 · 나눔과 배려 · 성실성과 규칙 준수 · 리더십
발전 가능성	· 자기주도성 · 경험의 다양성 · 리더십 · 창의적 문제 해결력		

출처 : 건국대·연세대·중앙대·경희대·한국외대 공동 연구,
「학생부종합전형 공통 평가요소 및 항목 개선 연구」, 2022.

5개 대학 학종 평가의 3가지 기준은 학업역량, 진로역량, 공동체 역량이다. 각각에 대해서 자세히 알아보기로 한다.

01 | 학업역량

학업역량의 개념은 '대학 교육을 충실히 이수하는 데 필요한 수학 능력'이다. 이를 평가하기 위한 평가 항목은 '학업성취도', '학업태도', '탐구력'으로 구분한다.

| 1 | 학업성취도

학업성취도란 '고교 교육과정에서 이수한 교과의 성취수준이나 학업 발전의 정도'를 말한다. 일반적으로 학생부교과전형은 내신 성적이 우수한 학생을 선발하는 전형인 관계로, 정량지표 위주의 학업 성취도가 지원자의 학업역량을 평가하는 주요 항목이다. 그러나 정성평가를 기본으로 하는 학생부종합전형에서는 학업역량 외에도 전공에 대한 관심이나 학문적 발전 가능성 등을 판단하는 여러 요소 가운데 하나로 활용된다. 정성평가의 경우에는 등급과 원점수 또는 성취도뿐만 아니라 이수 과목, 이수자 수, 평균과 표준편차, 세부능력 및 특기사항 등을 종합적으로 고려하는 것이 일반적이다.

2015년 개정 교육과정이 도입되면서부터는 진로 과목, 기초 교과, 탐구 교과, 교양 교과와 제2외국어 교과의 성적도 함께 평가한다. 주요 교과목의 성적에만 매달리면 평가에서 불리할 수 있으니 유의하기 바란다.

학업성취도에 대한 평가는 종합적 학업능력, 추세적 발전 정도, 희망 전공과의 연계 등을 기본으로 한다. 종합적 학업성취도는 3년간의 종합적 학업성취도를 말하는 것으로 대체로 재학 기간 중의 평균적 학업성취도에 의해 평가된다. 다만 교과 성적은 지원자가 속한 집단에 따라 영향을 받을 수밖에 없기 때문에 정량적 지표에 의해 선발되는 경우가 아니라면 지원자의 여러 특성을 반영하여 종합적으로 평가하는 것이 일반적이다.

학업성취도 평가는 종합적 학업성취도 외에도 학년이나 학기에 따른 성적 변화를 함께 고려한다. 학업역량을 평가하는 데 있어 3년간의 학업성취도는 단순히 하나의 평균성적으로만 이해하는 것이 아니라 다양한 과목 구분에 따라 학기별로 분석된 자료를 바탕으로 지원자의 학업성취도를 평가한다. 따라서 평가 시에는 전 과목이나 기초 교과목을 통해 전체적인 학업능력을 평가할 뿐만 아니라 지원자의 희망 전공 분야 과목에 대한 개별적인 평가를 병행한다.

| 2 | 학업태도

학업역량 평가에서는 자기주도적으로 학업을 수행하고 학습하는 자발적인 의지와 태도를 중요하게 고려한다. 그래서 학업태도를 살펴볼 때는 자기주도적인 학업에의 의지, 노력, 실험정신, 지적 호기심, 각종 교내 활동에 대한 열정을 의미 있게 평가한다.

이러한 자기주도적 학업태도는 교과 수업에서 집중력을 가지고 적극적으로 참여하고 탐구하며 이해하는 태도를 보이는 경우, 어떤 교과목을 어떻게 선택하고 이수했는지 여부 등을 점검하면서 확인할 수 있다. 2015년 개정 교육과정에서는 학생의 과목 선택권을 보장하고 있으므로 학업태도를 이해하는 데 매우 중요하게 활용될 수 있다.

그밖에도 교내에서 열리는 각종 대회 참여도와 노력을 보면 알 수 있으나 2024년부터는 생기부 내의 교내 수상 실적 항목이 미반영됨에 따라 이 부분의 영향력은 제한될 것으로 보인다. 그러나 세특에서는 이 부분에 대한 내용을 언급할 수 있으니 중요도는 사라지지 않을 것이다. 동아리활동이나 자율활동, 진로활동 등에서 보이는 진취성과 무엇인가를 적극적이고 능동적으로 배우려는 자세 등에서도 자기주도적 학업역량을 확인할 수 있다.

세특에서도 자신이 처한 교육환경 속에서 스스로 배움을 확장하고 토론이나 실험, 과제 수행, 집단학습 등을 통해 창의성과 자기주도성을 얼마나 발휘했는가를 확인할 수 있다. 특히 수업과 과제 수행과정에서 보여 준 주도적인 노력, 열의와 관심, 다양한 탐구 방법의 모색 등 의미 있는 지적 성취를 높이 평가한다.

교과학습 내에서 학생이 주도적인 학습수단으로 접할 수 있는 것이 독서이다. 교과학습의 내용을 심화, 발전시키기 위해 관련 분야의 책을 주도적으로 찾아 읽고 그 내용이 토대가 되어 좀 더 발전적인 모습이 드러날 때 자기주도적 학습태도와 지적 호기심을 엿볼 수 있다. 그러나 2024년 대입부터는 독서활동 상황이 대학에 제공되지 않아 직접적인 평가의 대상이 될 수 없다. 하지만 세특이나 행특에 기재되는 내용을 통해 간접적인 평가는 할 수 있다.

| 3 | 탐구력

탐구력이란 어떤 대상에 대해 호기심을 가지고 깊게 꾸준히 연구할 수 있는 역량을 말한다. 탐구력은 고차원적인 학업역량을 파악하는 데 필수적인 요소이다. 학교에서 이루어지는 다양한 탐구활동에 대해 얼마나 적극적이고 자발적인 의지를 갖췄는지와 그 성과를 통해 확인할 수 있다. 교과 시간에 수업 내용에 대해 연계적 질문이나 새로운 문제 해결 방법을 찾고자 노력했는지, 자신의 진로와 관련하여 어떤 수업을 수강하였고 수업에서 이루어지는 다양한 탐구활동에 자발적으로 참여하였는지, 수업에서 생긴 궁금증을 풀어 보고 싶거나 자신의 역량을 기르기 위해 학교의 어떤 프로그램으로 관심을 확장해 나갔는지를 종합적으로 판단한다.

이런 탐구력을 볼 수 있는 대표적인 학교활동은 수행평가이다. 창의적 체험활동을 통해 탐구역량이 구체적으로 드러날 수도 있다. 주제탐구, 프로젝트 학습과 관련한 자율활동을 통해 꾸준히 탐구 의지를 보이는 활동을 했을 때 이를 확인할 수 있다. 학술동아리활동에는 교과를 기반으로 이루어지는 토론, 실험, 연구, 탐구활동 등이 포함되는데 이를 통해서도 탐구역량이 드러날 수 있다.

앞서 말한 5개 대학의 학종 연구 보고서에는 대학의 전공(계열) 맞춤 활동을 강조한 전공적합성이라는 용어를 사용하였으나 2022년 보고서에는 장래 희망과 관련한 다양한 활동과 경험을 의미하는 진로역량이라는 용어로 바꿔 사용하고 있다. 아무래도 전공적합성보다는 넓은 의미를 담고 있으므로 학생들이 대비하기가 좀 더 수월해졌다고 볼 수 있다.

학업역량이 고교 교육과정의 전반적인 학업 수준과 능력을 말한다면, 진로역량은 대학 입학 후 해당 전공을 수학할 때 필요한 기초소양과 자질을 의미한다는 점에서 미래의 성장잠재력에 초점을 둔다고 할 수 있다. 5개 대학에서는 이러한 진로역량의 세부항목으로 '전공(계열) 관련 교과 이수 노력', '전공(계열) 관련 교과성취도', '진로 탐색 활동과 경험'을 중요시한다. 이전 연구 보고서와 비교했을 때 진로역량(전공적합성)의 평가 항목 간 변화는 다음 표와 같다.

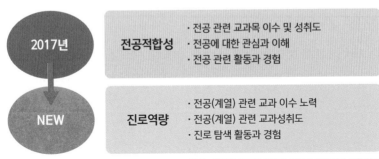

출처 : 건국대·연세대·중앙대·경희대·한국외대 공동 연구,
「학생부종합전형 공통 평가요소 및 항목 개선 연구」, 2022.

진로역량 3가지를 하나씩 구체적으로 알아보도록 하자.

| 1 | 전공(계열) 관련 교과 이수 노력

2015년 개정 교육과정으로 학생들의 선택권이 넓어졌지만, 학교별로 아직 교육과정 개설에서 많은 차이가 있는 것도 사실이다. 하나고나 다른 전국권 자사고와 일반고 간에는 엄연히 큰 격차가 존재한다.

이 경우 5개 대학은 학생의 노력을 강조한다. 학교가 개설하지 않은 진로 관련 필수 과목은 공동 교육과정, 온라인수업, 동아리, 독서 등 개인적 학습 노력으로 보완하길 요구한다. 난이도나 수준이 높아 남들은 수강을 기피하는 소수 수강 과목을 수강한다면 자기주도적인 탐색 과정을 고려해 학습태도 면에서 높은 평가를 받을 수 있다고 한다.

물론 자신의 진로 희망에 따라 일반 선택 과목과 진로 선택 과목을 학습 단계에 따라 체계적으로 학습하였는지가 중요하다. 일반고의 경우 전문 교과나 심화 과목이 개설된 것이 많지 않기 때문에 교과목 이수보다는 충실한 이수와 깊이 있는 학습을 했는지를 평가한다. 단순히 희망 전공(계열)과 관련된 과목을 얼마나 많이 수강하였느냐가 아니라 얼마나 충실하게 들었느냐가 평가의 중심이 된다는 것이다.

| 2 | 전공(계열) 관련 교과성취도

전공(계열) 관련 교과성취도는 '고교 교육과정에서 전공(계열)에 필요한 과목을 수강하고 취득한 학업성취수준'을 의미한다. 세부평가 내용으로는 전공(계열)과 관련된 과목의 성취수준, 전공(계열)과 관련된 동일 교과 내 일반 선택 과목 대비 진로 선택 과목의 성취수준 비교 등을 들 수 있다.

교과성취수준 평가 방법은 과목별 석차등급, 성취도, 원점수, 평균, 표준편차, 이수단위, 수강자 수, 성취도별 분포비율 등을 종합적으로 고려하여 평가한다. 공통 과목과 일반 선택 과목은 석차등급, 원점수, 평균, 표준편차, 이수단위와 수강자 수를 종합적으로 살피고, 진로 선택 과목은 석차등급 없이 종합적으로 평가한다.

동일 교과 내 일반 선택 과목의 석차등급과 진로 선택 과목의 성취도를 비교하여 종합적으로 교과성취수준을 판단한다. 예를 들면 1학년 공통 과목 과학 1등급, 일반 선택 과목 물리학(수강자 수 100명) 2등급, 진로 선택 과목 물리학(수강자 수 20명) A(성취도별 분포비율 95%)면 3과목의 성적을 종합적으로 살펴야 물리학의 성취수준을 제대로 파악할 수 있다. 과목별 수강자 수와 성취도별 분포 비율 등을 고려하여 석차등급과 성취도를 비교할 때 학업성취수준을 정확하게 평가할 수 있는 것이다.

대학에서는 학생들이 학습 부담이나 석차등급의 유·불리 때문에 희망 전공(계열)별로 필수적인 과목의 선택을 기피하지 않도록 동일 교과 내 일반 선택 과목과 진로 선택 과목의 교과성취수준을 종합적

으로 평가한다. 즉 학생들은 내신 성적에 대한 불안감 때문에 전공
에 필요한 과목의 이수를 포기하는 일이 없어야 할 것이다. 특히 학
종으로 진학하고자 하는 학생들은 자신의 전공적합성과 계열적합성
을 나타내는 교과목의 선택이 필수적이라는 사실을 명심해야 한다.

| 3 | 진로 탐색 활동과 경험

진로 탐색 활동과 경험이란 자신의 진로를 탐색하는 과정에서 이
루어진 활동이나 경험 및 노력이라고 정의할 수 있다. 세부평가 내
용으로는 학교 교육에서 이루어진 자신의 관심 분야나 흥미와 관련
한 다양한 활동과 경험, 전공(계열)에 대한 탐색 활동과 경험 등을 들
수 있다. 구체적으로는 자율활동, 동아리활동, 봉사활동, 진로활동
등 창의적 체험활동을 통해 다양한 경험을 쌓았는지를 평가한다.

세특의 독서활동 기록을 통해서도 다양한 영역의 지식과 문화적
소양을 쌓았는지를 살펴본다. 예술 및 체육 영역에서도 적극적으로
참여해 문화 감수성, 신체 능력을 키웠는지를 평가할 수 있다. 궁극
적으로 대학은 학교 교육에서 이루어진 자기주도적인 성찰과 경험
을 중요하게 평가한다.

생기부의 자율활동, 동아리활동, 진로활동 등 창의적 체험활동이
나 교과 수업 활동(발표, 토론, 주제탐구)인 세부능력 및 특기사항의
기록 등에서 희망 전공(계열)에 관한 관심을 파악할 수 있다. 지원 전
공에 관한 관심은 학교 교육에서 활동과 경험으로 나타난다. 발표,
토론, 주제탐구, 과제연구, 실험 등의 학생참여형 교과활동(수업) 세

특에서 지원 전공에 관련한 서술 기록으로 평가를 받는 것이다. 국제관계학에 관심이 있으면 영어 수업 시간에 영어로 자신이 한일 관계나 대미 관계에 대한 의견을 영어로 발표한 기록이 남게 되고 평가를 받는 것이다.

진로역량은 전공에 관한 관심이 없는 학생보다는 전공에 관한 관심과 열정이 있는 학생이 대학 입학 후에도 전공 활동에 적극적으로 참여해 두각을 나타낼 것이라는 점에서 미래 잠재력에 주안점을 둔 평가라 볼 수 있다.

03 | 공동체역량

학생부종합전형은 다른 전형과 달리 학생의 학업능력뿐만 아니라 개인적 소질, 잠재력, 발전 가능성 등을 종합적으로 정성 평가한다는 측면에서 차이점이 있다. 특히 고등학교의 각종 공동체 활동 속에서 구성원들과 협력하고 나눔을 실천한 경험을 중요하게 평가하는데, 이는 대학 생활 중에 그리고 졸업 후에도 사회 구성원으로서 바람직한 역할을 수행할 것이라는 믿음에서 비롯한 것이다. 2017년 학종 연구 보고서와 2022년 보고서의 차이점을 표로 나타내면 다음과 같다.

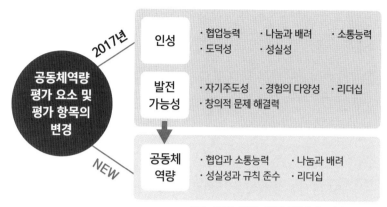

출처 : 건국대·연세대·중앙대·경희대·한국외대 공동 연구,
「학생부종합전형 공통 평가요소 및 항목 개선 연구」, 2022.

이제부터는 공동체역량의 평가 항목인 '협업과 소통능력', '나눔과 배려', '성실성과 규칙 준수', '리더십'을 구체적으로 살펴보도록 하자.

| 1 | 협업과 소통능력

협업은 공동체역량을 기르는 기본적인 인성으로서, 학교라는 공동체 안에서 이루어지는 다양한 공동학습과 단체활동 등에서 얼마나 적극적으로 돕고 함께 행동하는지를 평가하는 항목이다. 소통능력은 학교생활의 다양한 상황에서 자기 생각과 감정을 효과적으로 표현하고, 다른 사람의 의견을 경청하고 공감하며 궁극적으로 수용하는 태도를 말한다. 이를 토대로 공동체 안에서 타인과 제대로 소통하고 관계를 맺을 수 있는지를 평가하는 항목이다. 세부 평가 내용은 다음과 같다.

첫째, 단체활동 과정에서 서로 돕고 함께 행동하는지를 평가한다. 창의적 체험활동인 동아리활동, 자율활동, 진로활동과 수업 내 학습활동뿐만 아니라 학교생활 전반에 이르기까지 다양한 상황에서 동료 학생을 존중하고 함께 생활하는 다양한 모습이 공동체의 발전에 긍정적인 영향을 미쳤는지를 평가한다.

둘째, 구성원들과 협력을 통하여 공동의 과제를 수행하고 완성된 경험이 있는지를 평가한다. 이는 주로 협력을 통하여 공동의 과제를 수행하고 완성한 경험이 있는지를 평가한다. 협력 활동을 자발적으로 지속했거나 빈도가 높을 때 좋은 평가를 받을 가능성이 크다.

셋째, 타인의 의견에 공감하고 수용하는 태도를 보이며, 자신의 정보와 생각을 잘 전달하는지를 평가에 반영한다. 대학에서는 학생의 소통능력이 생기부에 나타나 있는 예시를 봄으로써 좋은 평가를 할 수 있다.

| 2 | 나눔과 배려

나눔과 배려는 '상대방을 존중하고 이해하여 원만한 관계를 형성하며, 타인을 위하여 기꺼이 나누어 주고자 하는 태도와 행동'을 뜻한다. 대학에서는 '학교생활 속에서 나눔의 실천과 생활화', '양보와 배려를 실천한 경험', '상대를 이해하고 존중하고자 하는 노력'의 항목으로 제시하였다.

첫째, '학교생활 속에서 나눔의 실천과 생활화'는 학급, 동아리, 수업 등 다양한 공동체 활동 경험을 평가할 수 있다. 예를 들면 학습 멘토 역할과 같이 자신의 재능을 활용해서 동료의 성장을 도운 경험,

자신보다 어려운 처지에 있는 상대나 사회 문제에 관심을 가지고 나눔을 실천하는 노력, 교내 행사나 축제와 같은 학교 활동에 자발적으로 참여하는 봉사활동 등이 생기부 전반에 걸쳐서 기재되면 좋은 평가를 받을 수 있다.

둘째, '양보와 배려를 실천한 경험'은 상대와 자신의 요구, 의견이나 가치관이 충돌하는 상황에서 자신이 손해를 감수하게 될지라도 나와 공동체가 함께 성장할 수 있도록 이타적인 노력을 보인 경험 등이 긍정적인 평가를 받을 수 있다.

셋째, '상대를 이해하고 존중하고자 하는 노력'은 일방적인 나눔과 배려의 자세가 아니라 상대의 처지를 헤아리고 나의 입장과 같이 상대방을 존중하고 배려하는 노력을 바탕으로 나눔과 양보, 배려 등을 실천한 사례 등이 긍정적 평가를 받을 수 있다.

| 3 | 성실성과 규칙 준수

성실성과 규칙 준수는 '책임감을 바탕으로 자신의 의무를 다하고, 공동체의 기본 윤리와 원칙을 준수하는 태도'를 뜻한다. 세부 평가 내용은 다음과 같다.

첫째, 교내 활동에서 자신이 맡은 역할에 최선을 다하려고 노력한 경험이 있는지를 평가한다. 학급의 구성원, 수업 및 동아리활동 등에서 역할을 부여받고 성실하게 수행하려고 노력했는지가 평가 대상이다. 수업 출석이나 단체활동 참여 등 학생으로서 당연히 해야 하는 의무에 책임감 있게 수행하였는지, 어려운 상황에서도 자신의 맡은 바 역할을 하였는지를 본다.

둘째, 자신이 속한 공동체의 규칙과 규정을 준수하였는지를 평가한다. 생기부에 학교폭력 가해자 등의 사례가 기재되어 있으면 당연히 좋은 평가는 기대하기 힘들다. 물론 규칙을 준수하지 않은 경우라도 잘못을 인정하고 개선하는 노력을 보였다면 이는 긍정적으로 평가될 수 있다.

| 4 | 리더십

리더십은 '공동체의 목표 달성을 위해 구성원들의 상호 작용을 이끌어 가는 능력'을 뜻한다. 리더십의 개념은 공통적으로 집단이나 조직의 목표를 달성하기 위해 구성원들이 자발적으로 목표 지향적인 행동을 하도록 돕는 영향력 있는 행동이라고 할 수 있다. 세부 평가 내용은 다음과 같다.

첫째, 공동체의 목표를 달성하기 위해 계획하고 실행을 주도한 경험이 평가 대상이다. 공동의 목표를 설정하고 목표를 달성하기 위해 구성원들이 무엇을 해야 하고 어떻게 실행할 것인지 계획하고 구성원들을 움직인 경험은 긍정적인 평가를 받는다. 학생회 회장이나 학급 반장, 동아리 회장이라고 하여 반드시 리더십이 있다고 말할 수는 없다. 자신이 맡은 역할과 리더로서의 자질은 다를 수 있기 때문이다.

둘째, 구성원들의 인정과 신뢰를 바탕으로 참여를 이끌어 내고 조율한 경험이 있는지를 평가한다. 목표 달성을 위해 구성원들이 자발적으로 참여하고 노력하도록 영향을 미치거나 문제 상황을 해결하기 위해 노력했던 경험이 있는지를 평가한다. 공동체의 일원으로서 구성원들이 좋은 리더로 인정하고 그 의견을 따라가는 모습이 나타났다면 좋은 평가를 받는다.

지금까지 살펴본 5개 대학의 학종에 관한 연구 결과를 다음 표와 같이 정리할 수 있다. 결론적으로 5개 대학이 보는 학종의 특징은, '전공적합성'이 학생들에게 희망 전공에 맞춘 활동이 존재한다는 인식을 심어 주어 지나치게 경험을 협소하게 만드는 문제점을 개선하기 위해 전공 계열적합성으로 범위를 확장했다는 점이다. 학종으로 5개 대학을 지원하는 일반고 학생들로서는 과목 선택의 협소성을 극복할 수 있도록 학종을 설계했다는 점에서 예전보다는 대비하기가 수월해졌다고 평가할 수 있다.

학생부종합전형 공동 평가 요소 및 평가 항목

학업역량	대학 교육을 충실히 이수하는 데 필요한 수학 능력	
	1 학업성취도	고교 교육과정에서 이수한 교과의 성취수준이나 학업 발전의 정도
	2 학업태도	학업을 수행하고 학습해 나가려는 의지와 노력
	3 탐구력	지적 호기심을 바탕으로 사물과 현상에 대해 탐구하고, 문제를 해결하려는 노력

	공동체의 일원으로서 갖춰야 할 바람직한 사고와 행동
공동체역량	**1 협업과 소통능력** 공동체의 목표를 달성하기 위해 협력하며, 구성원들과 합리적인 의사소통을 할 수 있는 능력
	2 나눔과 배려 상대방을 존중하고 이해하여 원만한 관계를 형성하며, 타인을 위하여 기꺼이 나누어 주고자 하는 태도와 행동
	3 성실성과 규칙 준수 책임감을 바탕으로 자신의 의무를 다하고, 공동체의 기본 윤리와 원칙을 준수하는 태도
	4 리더십 공동체의 목표 달성을 위해 구성원들의 상호 작용을 이끌어 가는 능력

	자신의 진로와 전공(계열)에 관한 탐색 노력과 준비 정도
진로역량	**1 전공(계열) 관련 교과 이수 노력** 고교 교육과정에서 전공(계열)에 필요한 과목을 선택하여 이수한 정도
	2 전공(계열) 관련 교과성취도 고교 교육과정에서 전공(계열)에 필요한 과목을 수강하고 취득한 학업성취수준
	3 진로 탐색 활동과 경험 자신의 진로를 탐색하는 과정에서 이루어진 활동이나 경험 및 노력 정도

출처 : 건국대·연세대·중앙대·경희대·한국외대 공동 연구,
「학생부종합전형 공통 평가요소 및 항목 개선 연구」, 2022.

고려대 학생부종합전형

고려대는 학종에서 학업역량, 계열적합성, 성장 가능성, 인성을 평가한다. 이것을 간단하게 정리하면 다음 표와 같다.

학업역량	· 학업 우수성 · 고른 학업성취 · 기타 요소

계열 적합성	· 계열 관련 활동 　경험 · 계열 관련 역량 　보유 · 기타 요소

성장 가능성	· 활동의 다양성 · 지적 호기심 · 기타 요소

인성	· 규칙 준수 · 나눔과 배려 · 협업 및 소통능력 · 기타 요소

출처 : 고려대학교, 『학종매뉴얼집』

생기부 내의 항목별로 고려대가 평가하는 기준을 구체적으로 알아보도록 하자.

01 | 자율활동

자율활동에서는 반장, 부반장 등 직책으로 평가의 경중을 가리지 않는다. 서기라도 책임감을 갖고 다른 학생들에게 솔선수범하는 모범을 보인 학생을 높이 평가한다. 또한 자율활동 중 지원자의 인성, 전공(계열)과 관련된 활동 경험, 학업에 대한 노력, 우수성 등을 면밀히 찾아내서 평가한다.

02 | 동아리활동

동아리활동을 통해 지원자의 관심 분야와 흥미를 확인한다. 매년 동아리를 변경한다고 나쁜 평가를 받지는 않는다. 동아리활동 모습을 통해서 지원자의 전공적합성(계열적합성), 열정, 도전 정신, 문제 해결 능력 등을 파악한다.

03 | 진로활동

진로활동을 통해 지원자의 진로 탐색 과정과 관심 분야에 기울인 노력을 파악한다. 진로 탐색 활동과 세특, 동아리활동 등 생기부 전반에 걸쳐 기재된 활동 등을 연계해서 종합적으로 파악한다.

04 | 교과학습발달 상황

지원자의 전체 교과 수준을 통해 지원자의 학업역량, 전공적합성, 자기계발 의지 등을 파악한다. 단순히 지원자의 절대적인 성적과 내신 등급만으로 평가하지 않으며, 평균, 표준편차, 이수자 수 등을 종합적으로 고려해서 평가한다. 평균적인 성적이 아니라 성적의 향상 정도를 높게 평가한다. 교과 선생님의 세특을 통해서도 지원자의 학업 의지, 활동 내용, 수업태도 등을 평가한다.

05 | 행동특성 및 종합의견

지원자를 오랜 시간 관찰해 온 담임 선생님의 의견을 확인할 수 있는 항목으로 주의 깊게 평가한다. 생기부의 다른 항목과 담임 선생님의 의견을 비교해 보면서 지원자가 생기부에 기재되어 있지 않은 다른 특성과 자질이 있는지를 확인한다.

한양대 학생부종합전형

한양대는 전통적으로 이과계열에 우수한 학과가 많다. 학종에서 일찍부터 자소서와 면접을 폐지하고 생기부 중심으로 학생들을 선발해 왔다. 2024년부터는 모든 대학에서 자소서가 폐지되므로 한양대 학종을 면밀히 잘 분석하면 다른 대학 학종을 대비하는 데 도움이 되리라 생각한다.

한양대 학종의 평가 영역은 수상경력, 창의적 체험활동 상황, 세부능력 및 특기사항, 행동특성 및 종합의견에 나타난 학생의 종합성취도와 4대 핵심 역량인 비판적 사고역량, 창의적 사고역량, 자기주도역량, 소통 및 협업역량이다. 그러나 2024년부터는 수상경력이 미반영됨에 따라 학종의 중심 평가 기준은 나머지 3개 영역에 집중될 것으로 전망된다.

한양대에서는 평가 수단으로서 횡단 평가를 실시한다. 횡단 평가란 주요 평가 영역인 수상경력, 창의적 체험활동 상황, 세부능력 및 특기사항, 행동특성 및 종합의견에서 5개 평가 요소 즉 종합성취도, 비판적 사고역량, 창의적 사고역량, 자기주도역량, 소통 및 협업역량의 상관관계와 상호 연계성을 바탕으로 1, 2, 3학년 전체를 유기적으로 검토하여 평가하는 방식을 말한다.

지금부터는 수상경력을 제외한 나머지 3개 평가 영역과 4대 핵심역량을 구체적으로 살펴보기로 한다. 평가 기준을 표로 정리하면 다음과 같다.

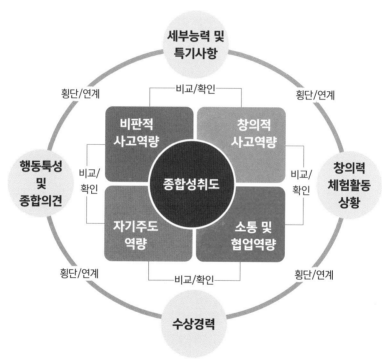

출처 : 한양대학교 홈페이지, 학종매뉴얼

01 | 교과학습발달 상황(세부능력 및 특기사항)

내신의 등급만으로 정량 평가하지 않으며 원점수, 평균, 표준편차, 이수자 수 등과 함께 세부능력 및 특기사항에 각 과목 선생님이 작성하는 학생에 관한 기술과 상호 확인하여 역량에 대한 평가를 진행한다. 지원학과의 계열적 특성에 따라 '수학, 과학 교과 / 언어, 사회 교과'에서의 역량을 중점적으로 평가한다.

02 | 창의적 체험활동 상황

교과 외에 경험한 모든 교내 활동이 드러나는 항목으로 다양한 측면에서 학생의 역량을 확인한다. 관심 분야에 대해 자신만의 계획을 갖고 심도 있게 진행해 나가는 과정에서 학생의 비판적 사고역량, 창의적 사고역량, 자기주도역량, 소통 및 협업역량을 확인한다. 창의적 체험활동 상황에서 드러난 학생의 역량을 수상경력, 세부능력 및 특기사항, 행동특성 및 종합의견의 역량과 상호 연계, 비교 확인하여 횡단 평가를 진행한다.

03 | 행동특성 및 종합의견

담임 선생님께서 1년 동안 한 학생을 전반적으로 관찰하고 이를 기반으로 교과, 비교과, 그 외의 생활에서 나타나는 특성과 태도, 성향 등에 대해 종합적으로 기술하는 항목이다. 학종에서는 따로 추천서를 받지 않기 때문에 이 항목이 추천서 역할을 대신한다고 볼 수 있다. 해당 항목은 자기주도역량, 소통 및 협업역량을 평가할 때에 중점적으로 활용된다.

04 | 비판적 사고역량

생기부 항목 중 세부능력 및 특기사항을 중심으로 학생의 학업적 성장 과정에서 드러나는 학생 개인의 학업역량을 평가한다. 세부능력 및 특기사항에서 확인된 학생의 학업역량을 수상경력, 창의적 체험활동 상황, 행동특성 및 종합의견에서 상호 비교, 확인하여 평가한다. 한양대는 전공적합성이 아닌 계열적합성에 초점을 두어 평가한다. 지원학과의 계열적 특성에 따라 '수학, 과학 교과 / 언어, 사회 교과'에서의 역량을 중점적으로 평가한다.

05 | 창의적 사고역량

생기부 항목 중 세부능력 및 특기사항을 중심으로 학생의 학업적 성장 과정에서 드러나는 창의적 사고역량을 확인한다. 세부능력 및 특기사항에서 확인된 학생의 창의적 사고역량을 수상경력, 창의적 체험활동 상황, 행동특성 및 종합의견에서 상호 비교, 확인하여 평가한다. 문제 해결 과정에서 기존의 틀을 벗어나서 자신만의 방법, 다양한 방법으로 시도하는 모습을 확인한다. 과목 내 다른 단원 혹은 다른 과목, 사회 현상 등과 융합하여 접근하는 모습을 확인한다.

06 | 자기주도역량

학업 및 진로와 관련된 흥미에 대해 스스로 발전시키고 확장해 나가는 과정을 확인한다. 이때 지원 전공과 관련하여 한정할 필요는 없으며, 학생이 관심 분야나 특정 주제에 연속성과 지속성을 갖고 활동한 모든 부분을 의미 있게 평가한다.

생기부 항목 중 행동특성 및 종합의견에 중점을 두고 평가한다. 행동특성 및 종합의견에서 확인된 학생의 소통 및 협업역량을 수상 경력, 창의적 체험활동 상황, 세부능력 및 특기사항에서 상호 비교, 확인하여 평가한다. 배려, 나눔, 리더십, 팔로십 등 품성적 우수성이 타인에게, 더 나아가 공동체에 긍정적 영향을 미치고 변화를 이끌어 내는 과정을 확인한다.

08 │ 한양대 모범 학종 성공 사례

다음에 소개하는 내용은 한양대 학종 가이드북에 나온 실제 사례 이다. 전공을 정하지 못해 고민하는 학생들에게 해결책을 제시하고 자 소개하였다. 이 학생의 사례처럼 자신의 진로를 빨리 정하지 못 해도 학교활동을 열심히 하면 해결책이 나올 수 있다.

경영학부(20학번)

저는 1학년 때 특정한 직업과 진로에 확신이 있는 상태가 아니었고 그래서 다양한 분야에 관심을 두고 편식 없이 공부하려고 노력했습니다. 이 과정에서 서로 다른 두 과목 사이에 연결성을 찾아보는 탐구활동을 꾸준히 했었습니다. 거창한 탐구활동처럼 들릴 수도 있지만 실제로는 경제 시간에 배운 경제지표들을 간단하게 정적분을 활용해서 직접 결괏값을 구해 보거나 주가변동에서 등비수열을 찾아보는 활동 같은 것이었습니다. 대회나 동아리활동에서 장기적으로 하는 수준 높은 탐구가 아닌 혼자 간단하게 할 수 있는 것들이었지만, 배운 내용을 실용적으로 활용해 보는 경험을 시작으로 수학을 경제 분야에 응용하는 탐구활동을 꾸준히 했었습니다. 서로 다른 분야를 엮어서 확장해 나가는 탐구에 스스로 만족감을 느꼈기 때문에 자연스럽게 다양한 활동을 이어나갈 수 있었습니다.

학종은 대학별로 따로 준비해야 하나?

　지금까지 서울대부터 한양대까지 자체 대학별 학종 가이드북을 근거로 평가 기준을 살펴보았다. 여기서 하나의 궁금점이 생긴다. 서울대 입학을 원하는 학생의 학종 대비법과 한양대 입학을 원하는 학생의 학종 대비법이 다르냐는 것이다. 이는 대학별로 학종 평가 근거가 다르냐는 질문과 같다. 답은 "아니다. 모든 대학의 학종은 같다."이다. 중앙대와 연세대의 학종이 다르지 않다.

　본질은 학교생활에 충실하고 학업 적성이 뛰어난 학생을 찾고자 하는 것이다. 단지 대학별로 보는 인재상이 약간 다를 따름이다. 어느 학교인들 내신 성적이 좋고 학교생활에 충실한 학생을 싫어할까? 현실적으로 전교 1등인 학생이 서울대에 많이 지원하지 건국대에 많이 지원하지 않는 차이가 있을 뿐이다. 그래서 대학별로 학종의 내신 등급 분포가 다를 수는 있지만 평가 기준의 본질은 같다.

　모든 대학에서 기본적으로 강조하는 부분을 간단하게 나타내면 내신, 세특, 행특의 3가지 요소로 압축할 수 있다. 이 3가지 영역이 왜 중요한지 좀 더 구체적으로 살펴보자.

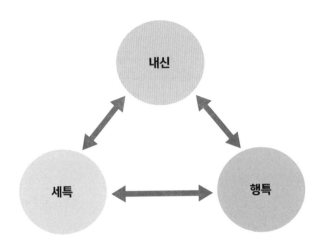

01 교과학습발달 상황(내신)

모든 대학에서 내신의 중요성을 강조한다. 그러나 정량적인 내신 등급이 아니라 원점수, 평균, 표준편차, 이수자 수 등과 함께 세부능력 및 특기사항과 상호 확인하여 역량에 대한 평가를 진행한다. 과목별 이수 상황도 주의 깊게 살펴본다.

대부분의 대학에서 학교 내신은 학업 열정과 계열적합성을 판정할 때 필수적인 도구로 인식한다. 그러나 좋은 내신 성적을 위해서 전공과 연계된 진로 과목이지만 수강하는 학생 수가 적어서 선택을 기피하는 것은 오히려 좋지 못한 평가를 받을 수 있으므로 주의해야 한다. 학생 수가 적더라도 자신의 전공과 관련된 과목을 선택하는 것이 전공(계열)적합성에서 좋은 평가를 받을 수 있다.

2024년 대입부터는 세특이 학종의 핵심으로 떠오를 전망이다. 세특은 학교 유형과 상관없이 지원자들의 학업에 대한 열정과 학습 참가도, 전공(계열)적합성을 알아볼 수 있는 유용한 척도 중의 하나이다. 이렇게 중요한 세특을 관리하기 위해서는 무엇보다 학교 수업에 적극적으로 참여하는 것이 중요하다.

세특은 과목 선생님이 작성하는 항목이다. 자신의 수업에 적극적으로 참여하는 학생의 세특을 기재하는 데 인색한 선생님은 없다. 좋은 세특을 받기 위해서는 무엇보다 자신의 진로에 대한 확고한 정립이 필요하다. 진로가 확실하지 않은 학생은 수행과제 작성에서 불리하고 세특에서는 더욱더 불리할 수밖에 없다.

다음은 한양대 학종 가이드북에 기재된 학생의 사례이다.

국어국문학과 지원 학생

아무래도 제가 희망하는 학과가 국어국문학과였다 보니 이를 다른 과목 세부능력 및 특기사항에 어떻게 녹여 내야 할지에 대한 고민이 컸습니다. 이를 극복하기 위해서 저는 과목별 '수행평가'를 적극적으로 활용했습니다. 예를 들어 한국지리 과목에서의 '나만의 여행 계획 세우기' 수행평가 주제를 '우리 문학의 발자취를 찾아서'로 잡고 한국 문학 작품의 배경지를 조사하였습니다. 이 활동을 통해 문학으로만 접하면 알아듣기 어려웠던 방언과 산줄기를 기준으로 지역이 나뉘어서 생긴 문화 차이를 더욱 잘 이해할 수 있었습니다. 또 국어와 전혀 연관성이 없어 보이는 수학 과목에서도 한국 속담이 사람들의 인식을 얼마나 반영하는지를 조사하는 통계 포스터 제작 활동을 하였습니다. 실제로 설문지를 돌리고 통계 처리를 해 보면서 수학에 대한 흥미를 높일 수 있었고, 속담이 우리 일상생활과 밀접하게 관련이 있다는 것을 느꼈습니다. 이러한 활동들은 제게 국어국문학이 모든 과목과 깊게 관련될 수 있다는 점을 깨닫게 해 주었고, 다양한 학문을 융합하여 생각할 수 있는 능력을 키워 주었습니다.

03 | 행동특성 및 종합의견

학종에서 따로 추천서를 받지 않게 되면서 이 항목이 추천서의 역할을 대신하게 되어 더욱더 중요해졌다. 해당 항목은 학생의 자기주도역량, 소통 및 협업역량을 평가할 때 중점적으로 활용된다. 학교생활을 하다 보면 학우들 간에 갈등이 일어나기도 한다. 중요한 것은 이런 어려움을 극복하기 위해 자신이 노력했는지 여부이다. 이런 어려움을 극복한 사례는 주로 행동특성 및 종합의견에 기재된다. 담임 선생님은 1년간 학생을 가장 근접거리에서 종합적으로 바라볼 수 있는 위치에 있다. 그래서 이 항목을 보면 그 사람의 인간성을 평가할 수 있는 사례들을 찾아낼 수 있다.

행동특성종합 의견 모범 사례

일반적인 관공서 봉사활동뿐만 아니라 재활원 도우미 봉사활동 등 장애인 관련 봉사활동을 다양하게 실천하여 따뜻한 인성을 가지고 있음을 보여 주었음. 학급의 다른 학생들에게 어려운 일이 생기면 항상 솔선수범하여 챙겨 주는 등 봉사와 타인 존중의 정신이 투철함을 보여 주었음. 학습이 부진한 학급 친구들의 멘토로 활동하면서도 자신의 학습활동도 철저하게 준비하는 우수성을 보여 주었음.

TIP 외고 재학생을 위한 대입 학종 전략

외고는 일반고와 달리 과별로 학생을 선발한다. 마치 대학에서 과별로 학생을 선발하는 것과 같다. 전문 교과로 자신이 속한 학과의 언어가 배치된다. 이것이 일반고와 외고의 큰 차이점이다. 예로 러시아어과를 들어 보자.

전국 30개 외고에서 러시아어과가 있는 학교는 명덕외고(25명), 대일외고(25명), 수원외고(25명), 대전외고(25명), 청주외고(22명), 울산외고(25명)로 총 6개 교 147명이다. 대학 중 서울대, 연세대, 고려대, 성균관대에서 학종으로 선발하는 인원은 총 40명이다. 그래서 전체 경쟁률은 3.68:1에 불과하다.

왜 이런 실질 경쟁률을 예상할 수 있는가 하면 학종은 교과목 선택을 중요한 요소로 보기 때문이다. 다른 일반고나 외고에서는 러시아어를 전문 교과로 공부하는 학교가 없다. 오직 6개 외고에서만 과목을 편성해 놓고 있다. 이들 학생이 다른 학생들에 비해 러시아어와 문화적 배경에 대한 심화 학습을 하고 월등한 지식을 갖추었음은 분명한 사실이다. 이 것은 명덕외고 러시아어과 2022년 입학생의 교과과정 편성표를 보면 확연히 드러난다.

2022년 입학생(독일어, 프랑스어, 일본어, 러시아어, 중국어과) 전문 교과

교과 영역	구분	과목	기준 단위	운영 단위	1학년 1학기	1학년 2학기	2학년 1학기	2학년 2학기	3학년 1학기	3학년 2학기	비고	이수 단위
전문 교과	전공어	전공 기초 전공어	5	6	6							6
		전공어 회화		6		6						6
		전공어 회화II		8			4	4				8
		전공어 독해와 작문		8			4	4				8
		전공어 독해와 작품II		8					4	4		8
		전공(어권) 문화		8					4	4		8
	영어	심화 영어 회화		4	4							4
		심화 영어 회화II		4		4						4
		심화 영어I		6			6					6
		심화 영어II		6				6				6
		심화 영어작문		8					4	4		8
전문 교과 이수단위 소계			72	72	10	10	14	14	12	12		72
창의적 체험 활동	창의적 체험 활동	자율활동	24	24	2	2	2	2	2	2		12
		동아리활동			0.5	0.5	0.5	0.5	0.5	0.5		3
		봉사활동			0.5	0.5	0.5	0.5	0.5	0.5		3
		진로활동			1	1	1	1	1	1		6
보통 교과 이수단위 소계			108	108	20	20	16	16	18	18		108
이수단위 총계			204	204	34	34	34	34	34	34		204

출처 : 명덕외고 홈페이지

이 학과 입학생들은 대입에서 만일 학교만 보고 입시 전략을 세운다면 단연 자신이 전공한 러시아어과를 지원하는 것이 절대적으로 유리하다. 서/연/고/성대는 이들만의 싸움터가 될 것이다. 내신이 3.5등급 이내이면 최소 이 4개 대학에 합격할 가능성은 누구보다도 높다. 이것이 외고가 학종에서 단연 우수한 실적을 거두는 이유이다.

이것의 실제적인 사례는 2022년 고려대 입시 결과를 보면 잘 이해할 수 있다. 오른쪽 표는 고려대 학종 학업우수형 합격자 70% 컷 내신 등급이다.

이 표를 보면 학종의 내신 등급이 생각보다 광범위하게 분포되어 있으며, 어문계열의 내신 컷이 더욱 밑으로 형성되어 있음을 알 수 있다. 이는 어문계열은 외고 학생들의 지원이 대부분이며 그 학생들의 내신 등급이 높지 않기에 나온 결과이다. 앞으로도 외고 학생들의 어학계열 지원은 상당히 유리할 것이다.

반면에 영어과나 프랑스어과, 중국어과 등 일반적이고 대중적인 언어를 전공하는 외고 학생의 경우에는 어문계열 지원과 다른 여타 인문사회계열 학과에 복수 지원하는 것이 좋은 지원 전략이 될 수 있다.

2022년 일반전형-학업우수형(인문) 모집단위별 상위 70%(총합격자 기준)

대학	모집단위	교과(등급)	대학	모집단위	교과(등급)
경영대학	경영대학	2.41	생명과학대학	식품자원경제학과	2.90
문과대학	국어국문학과	2.27	정경대학	정치외교학과	2.21
	철학과	2.48		경제학과	2.24
	한국사학과	2.29		통계학과	2.75
	사학과	2.56		행정학과	2.39
	사회학과	2.29	사범대학	교육학과	1.99
	한문학과	3.23		국어교육과	1.74
	영어영문학과	2.65		영어교육과	2.63
	독어독문학과	3.44		지리교육과	3.47
	불어불문학과	2.95		역사교육과	1.87
	중어중문학과	3.57	국제학부	국제학부	3.16
	노어노문학과	3.22	미디어학부	미디어학부	2.27
	일어일문학과	3.39	보건과학대학	보건정책관리학부	2.98
	서서서문학과	3.71	자유전공학부	자유전공학부	2.32
	언어학과	3.19	심리학부	심리학부	2.49

출처 : 고려대학교 홈페이지

PART 6

자신의 적성을
아는 것이
입시의 첫걸음이다

고1이 중요한 이유

성공적인 대학 입시를 위해서는 고1 때부터 첫 단추를 잘 꿰어야 한다고 말하면서도 실제로는 고1보다 고2, 고2보다 고3이 더 중요하다고 생각한다. 고3이 중요한 것은 수능과 대입 지원이 바로 목전에 있어서이다. 이것은 정시 즉 수능으로 대학에 진학한다는 생각이 강하기 때문이다. 그러나 학종으로 성공하려면 고1이 아주 중요하다. 학종은 3년간 누적된 활동의 결과물이기 때문이다. 왜 중요한지 항목별로 알아보도록 하자.

01 │ 시작이 좋아야 끝도 좋다

1학년은 내신이 처음 기록되는 해이다. 학년이 올라갈수록 좋은 성적이 나오는 우상향 추세가 가장 좋으나, 1학년 내신을 망치면 나중에 만회하기 힘들다. 1학년에는 공통 과목인 국어, 영어, 수학, 통합사회, 통합과학, 과학탐구실험을 이수한다. 2학년 때 수강하는 진로 선택 과목은 학생 수가 적으면 A, B, C로 성적을 환산하므로 1학년 때 떨어진 내신 성적을 만회하기가 쉽지 않다.

1학년 때 자신의 진로와 대학 진학 학과를 미리 결정해 놓으면 교내 활동을 정하기도 쉽고, 2학년 진로 선택 과목을 정하는 것도 편해진다. 반면에 진로에 관한 결정을 2학년, 3학년 때 하게 되면 관련 과목뿐만 아니라 전체 과목 내신을 다 신경 써야 하므로 부담감이 커진다. 그러다 보면 결국 학종을 포기하는 학생들도 나오게 된다. 입학사정관들의 시각에서는 1학년 때 전공과 관련 있는 기초 개념의 숙지가 잘되어 있는 학생에게 호감을 느낄 수밖에 없다.

02 | 1학년 공통 과목에도 세특은 있다

1학년 때는 선택 과목이 없고 공통 과목만 시험을 본다. 그래서 일부 학생들은 1학년 때는 진로 선택 과목이 없으므로 자신의 진로 설정을 하지 않아도 된다고 생각하기도 한다. 그러나 이런 생각은 매우 위험하다. 왜냐하면 1학년 과목에도 세특은 있기 때문이다.

내신이 중요하다고 했는데, 내신은 필기시험과 수행과제로 성적이 산출된다. 내신 성적이 좋으려면 수행 평가도 좋아야 한다는 의미이다. 학종에서는 과목 선생님의 세특이 의미가 있으므로 수행과제를 작성할 때 자신의 진로와 관련한 과제물을 제출하는 것이 유리하다.

세특은 자기 하기 나름이고, 자신이 낸 과제물의 질적 수준에 비례해서 내용이 좋아질 수 있다. 1학년 때부터 한 가지 목표로 꾸준히 노력한 학생이 2학년이나 3학년 때 진로를 설정해서 노력한 학생보다 높은 평가를 받는 것은 당연하다. 1학년 때부터 교과 시간에 자신만의 특징을 나타내는 활동을 한 것이 쌓이면 나중에 이것으로 자신만의 캐릭터를 구성하게 되는 것이다.

「2022학년도 중앙대학교 학생부전형 가이드북」을 보면 사회문화 교과목에 관한 세특 예시가 있다. 학생의 수업태도와 교과 연계 활동에 적극성을 보였는지 등을 세특에 기록한 것이다.

처음에는 사회문화 현상의 연구 방법을 막연하고 모호한 과정이라 생각했으나, 관련 단원을 학습한 후 체계적인 방법을 통해 자료를 수집하고 과학적 탐구를 하는 것을 알게 되고 흥미를 보임. 사회문화 교과의 기본적인 내용에 대한 이해력이 뛰어나고 각 개념의 특징을 정확히 비교할 수 있음. (중략) 수업마다 일지와 질문 하브루타를 성실하게 작성해 교과 개념과 시사 현상을 연결 지음으로써 통합적 사고력을 확장하는 모습이 인상적임.

03 | 교대 지원 학생에게는 1학년 독서가 특히 중요하다

진로 탐색이 어렵다면 독서부터 시작하기 바란다. 학교에서 혹은 과목 선생님이 제안하는 추천 도서목록이나 참고 도서목록에 있는 책을 읽는다. 무엇부터 시작하든 독서를 하는 것이 중요하다.

독서를 하다 보면 다양한 시각을 가질 수 있고, 자연스럽게 독해력이 상승함으로써 국어 과목 성적 향상에도 좋은 영향을 준다. 흥미 있는 분야에 대해 집중적으로 독서를 하면 보고서 작성이나 수행 과제 작성에도 많은 도움을 받을 수 있다.

2024년부터 대입에 독서 기록이 미반영되지만 세특에는 기재될 수 있다. 즉 자신의 지적 탐구심을 여전히 입학사정관에게 어필할 수 있는 것이다. 특히 교대를 지원하는 학생에게는 다양한 분야의 독서가 필수적이다. 교대는 특정 분야가 없고 다양한 과목을 가르치는 선생님을 양성하는 대학이기 때문에 독서량이 많을수록 유리하다. 학종에는 1학년 때부터 다양한 분야의 책을 읽고 과목 선생님에게 어필하는 것이 무엇보다 효과적이다.

워크넷을 활용한 적성 찾기

통계청의 자료를 보면 고등학생들에게 설문 조사를 했을 때, 자신이 직업을 선택하는 데 중요한 요소로 소질과 적성을 59% 정도로 가장 많이 꼽았으며, 높은 임금과 소득, 지속적인 고용보장이 합쳐서 약 30% 되었다. 직업을 결정하지 못하는 이유로는 적성과 흥미를 몰라서, 직업에 대해 아는 것이 없어서가 각 37.3%, 20.9% 나왔다. 관심이 없어서의 3.4%까지 더하면 약 60%의 학생이 진로에 관해 관심이 적다는 것을 알 수 있다.

조금만 더 일찍 진로에 대해 탐색하는 방법을 알려 주거나 본인이 스스로 찾는 방법을 알게 된다면 왜 공부를 해야 하는지, 왜 계획을 세워야 하는지 등 구체적인 목표의식이 생길 수 있고 이것이 성공 입시로 이끌 수 있을 것이다.

교육부와 고용노동부에서는 수많은 예산을 들여 자신의 적성과 진로에 대해 탐색할 수 있도록 워크넷 사이트를 만들어 운영하고 있다. 진로를 간접 경험하고 체험할 수 있다. 그런데 학생과 학부모들은 이 사이트에 대해 잘 모르고 있다. 지금부터 소개하니 잘 활용해서 진로 탐색에 도움이 되길 바란다.

워크넷은 청소년, 청년, 여성, 장년 등 모든 연령층에서 활용할 수 있다. 직업, 진로를 선택하여 청소년 심리검사, 성인용 심리검사를 하고 결과를 확인할 수 있다. 간접 경험을 할 수 있도록 학과 정보와 직업 정보를 확인할 수 있으며, 학과와 직업에 대한 이해도를 넓히는 데 도움을 받을 수 있다. 또한 전공 진로 가이드를 통해 각 전공에서 배우는 내용과 졸업 후에 주로 진출할 수 있는 주요 직업 혹은 전공과 더불어 다른 준비를 병행하여 진출할 수 있는 직업들을 소개해 준다.

워크넷의 청소년 심리검사는 총 7종이 있다. 고등학생 적성검사, 직업가치관검사, 청소년 진로발달검사, 초등학생 진로인식검사, 청소년 인성검사, 청소년 직업흥미검사(개정), 중학생 진로적성검사이다. 그중 대학 입시와 관련된 검사의 주요 내용과 목적을 살펴보면 다음과 같다.

01 | 고등학생 적성검사

고등학생 적성검사는 여러 작업의 직무수행에서 요구하는 직업적 능력을 측정하여 청소년들이 적성 능력에 적합한 직업을 탐색할 수 있다. 13개 하위검사로 9개 적성 요인을 파악한다. 적성 요인과 하위검사는 다음과 같다.

적성 요인	하위검사
언어능력	어휘력 검사 / 주제 찾기 검사
수리능력	단순 수리 검사 / 응용 수리 검사
추리능력	문장 추리 검사 / 수열 추리 검사
공간능력	심상 회전 검사 / 부분 찾기 검사
지각속도	지각속도 검사
과학원리	과학원리 검사
집중능력	집중력 검사
색채능력	색상지각 검사
사고유연성	성냥개비 검사

이 검사의 장점은 직관적으로 자신의 능력을 알아볼 수 있다는 것이다. 개인의 적성 요인별 능력 수준을 동일 계열(일반고/특성화고)의 동일 학년 집단과 비교한 점수로 보여 주기 때문에 자신의 능력이 동일한 특성을 가진 학생들과 비교해 어떤 적성 능력이 높고 낮은지의 정보를 탐색할 수 있다. 검사 결과는 예를 들면 다음과 같이 나타나므로 쉽게 자신의 적성을 알 수 있다.

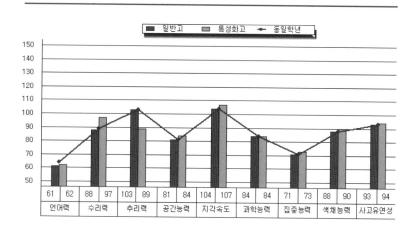

	언어력	수리력	추리력	공간능력	지각속도	과학능력	집중능력	색채능력	사고유연성
일반고	61	88	103	81	104	84	71	88	93
특성화고	62	97	89	84	107	84	73	90	94

출처 : 워크넷 홈페이지

직업가치관검사

직업가치관검사는 직업 선택 시 중요하게 생각하는 직업가치관을 측정하여 자신의 직업가치를 확인하고 그에 적합한 직업 분야를 안내해 준다. 하위 요인과 그 내용은 다음과 같다.

하위 요인	설명
성취	자신이 스스로 목표를 세우고 이를 달성함
봉사	남을 위해 일함
개별 활동	여러 사람과 어울려 일하기보다는 혼자 일하는 것을 중시함
직업 안정	직업에서 얼마나 오랫동안 안정적으로 종사할 수 있는지를 중시함
변화 지향	업무가 고정되어 있지 않고 변화 가능함
몸과 마음의 여유	마음과 신체적인 여유를 가질 수 있는 업무나 직업을 중시함
영향력 발휘	타인에 대해 영향력을 발휘하는 것을 중시함
지식 추구	새로운 지식을 얻는 것을 중시함
애국	국가를 위해 도움이 되는 것을 중시함
자율성	자율적으로 업무를 해 나가는 것을 중시함
금전적 보상	금전적 보상을 중시함
인정	타인으로부터 인정받는 것을 중시함
실내 활동	신체 활동을 덜 요구하는 업무나 직업을 중시함

검사 결과는 예를 들면 다음과 같이 나타난다. 각 요인은 매우 낮음부터 매우 높음까지로 구분되며 관련 직업군은 다음과 같다.

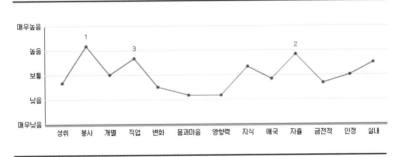

출처 : 워크넷 홈페이지

이 학생이 중요하게 생각하는 가치는 봉사, 자율, 직업 안정이고, 상대적으로 중요하게 생각하지 않는 가치는 몸과 마음의 여유, 영향력 발휘, 변화 지향이다. 따라서 자신에게 적합한 직업은 봉사, 자율, 직업안정 군에 속하는 직업이 적합하다고 해석할 수 있다.

이 진단검사의 단점은 적합군이 2~3개에 걸쳐 나타날 수 있어서 실제로 적용하는 데는 어느 정도 한계가 있다는 것이다. 따라서 참고사항 정도로만 활용하는 것이 바람직하다.

하위 요인	관련 직업
성취	대학교수, 연구원, 프로 운동선수, 연구가, 관리자 등
봉사	판사, 소방관, 성직자, 경찰관, 사회복지사 등
개별 활동	디자이너, 화가, 운전사, 교수, 연주가 등
직업 안정	연주가, 미용사, 교사, 약사, 변호사, 기술자 등
변화 지향	연구원, 컨설턴트, 소프트웨어 개발자, 광고 및 홍보 전문가, 메이크업 아티스트 등
몸과 마음의 여유	레크리에이션 진행자, 교사, 대학교수, 화가, 조경기술자 등
영향력 발휘	감독 또는 코치, 관리자, 성직자, 변호사 등
지식 추구	판사, 연구원, 경영 컨설턴트, 소프트웨어 개발자, 디자이너 등
애국	군인, 경찰관, 검사, 소방관, 사회단체 활동가 등
자율성	연구원, 자동차 영업원, 레크리에이션 진행자, 광고 전문가, 예술가 등
금전적 보상	프로 운동선수, 증권 및 투자중개인, 공인회계사, 금융자산운용가, 기업 고위임원 등
인정	항공기 조종사, 판사, 교수, 운동선수, 연주가 등
실내 활동	번역사, 관리자, 상담원, 연구원, 법무사 등

청소년 진로발달검사는 청소년들의 진로발달수준을 측정하여 자신의 진로발달수준을 이해하고 좀 더 보완하기 위해 노력해야 할 점이 무엇인지를 확인할 수 있다. 진로발달검사는 진로성숙도검사와 진로미결정검사로 구분된다. 각 검사의 척도명과 세부 요인을 알아보면 다음과 같다.

| 1 | 진로성숙도검사

진로에 대한 태도, 진로와 관련된 지식의 정도, 이에 맞는 진로 행동의 정도를 묻는 검사이다. 이 검사의 결과로 자신이 진로와 관련하여 보이는 계획성·독립성·태도, 자신·직업·학과에 대한 지식의 수준, 진로 행동의 정도 등을 파악할 수 있다. 검사 결과는 예를 들면 다음과 같이 나타난다.

척도명		T점수	백분위	낮음 / 보통 / 높음 10 20 30 40 50 60 70 80 90 100	척도설명
진로 태도 성향	계획성	48	43		자신의 진로방향과 직업결정을 위한 사전준비와 계획 정도를 알 수 있습니다.
	독립성	36	8		자신의 진로에 대한 탐색, 준비, 선택을 스스로 하고 있는지 정도를 알 수 있습니다.
	태도	43	25		직업의 의미 및 일의 중요성을 올바르게 인식하고 있는지에 대해 알 수 있습니다.
진로 관련 지식 정도	자신에 대한 지식	52	57		자신의 능력, 흥미, 성격, 가치관 등 개인특성에 대해 이해하고 있는 정도를 알 수 있습니다.
	직업에 대한 지식	25	1		다양한 직업에 대해 어느 정도의 지식을 가지고 있는지를 알 수 있습니다.
	학과에 대한 지식	30	2		다양한 학과에 대해 어느 정도의 지식을 가지고 있는지를 알 수 있습니다.
진로 행동	진로행동	69	97		자신이 세우고 있는 진로계획을 어느 정도 실천하고 확인하고 있는지를 알 수 있습니다.

출처 : 워크넷 홈페이지

T점수는 타인과 비교하기 위해 원래 점수를 해석하기 편리하게 전환한 검사 점수이다. 일반적으로 평균이 50점이라고 가정하며 70점 이상은 높은 편이라고 해석한다. 백분위 점수는 본인의 점수 이하에 놓이는 사람들의 백분율이다. 예를 들어 백분위가 65라면 같은 또래를 100명이라고 가정할 때 본인보다 낮은 점수를 받을 사람이 65명이라는 의미이다. 일반적으로 26~75점을 보통 점수라고 이야기한다.

위의 검사를 한 학생의 진로성숙도를 해석한다면 진로에 대한 계획성은 보통이나 자신의 진로 선택을 위한 구체적인 행동은 이루어지고 있다고 해석할 수 있다.

| 2 | 진로미결정검사

진로미결정검사는 진로를 결정하지 못하는 어려움이 어느 요인에서 기인하는가를 파악하는 검사이다. 검사 결과 진로미결정이 나오게 된 자신의 성격 요인, 정보 수준, 갈등의 원인 등을 파악할 수 있다. 검사 결과는 예를 들면 다음과 같이 나타난다.

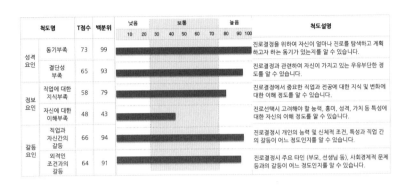

척도명		T점수	백분위	낮음 ⟵ 보통 ⟶ 높음	척도설명
성격요인	동기부족	73	99		진로결정을 위하여 자신이 얼마나 진로를 탐색하고 계획하고자 하는 동기가 있는지를 알 수 있습니다.
	결단성부족	65	93		진로결정과 관련하여 자신이 가지고 있는 우유부단한 정도를 알 수 있습니다.
정보요인	직업에 대한 지식부족	58	79		진로결정에서 중요한 직업과 전공에 대한 지식 및 변화에 대한 이해 정도를 알 수 있습니다.
	자신에 대한 이해부족	48	43		진로선택시 고려해야 할 능력, 흥미, 성격, 가치 등 특성에 대한 자신의 이해 정도를 알 수 있습니다.
갈등요인	직업과 자신간의 갈등	66	94		진로결정시 개인의 능력 및 신체적 조건, 특성과 직업 간의 갈등이 어느 정도인지를 알 수 있습니다.
	외적인 조건과의 갈등	64	91		진로결정시 주요 타인 (부모, 선생님 등), 사회경제적 문제 등과의 갈등이 어느 정도인지를 알 수 있습니다.

출처 : 워크넷 홈페이지

　　진로성숙도검사와 마찬가지로 T점수는 일반적으로 평균이 50점이라고 가정하며 70점 이상은 높은 편이라고 해석한다. 백분위 점수는 일반적으로 26~75점을 보통 점수라고 이야기한다. 위의 표를 해석하면 동기 부분이 부족하므로 앞으로 동기 부분을 강화해야 하며, 갈등 요인이 높아서 정밀한 상담이 필요하다는 것을 알 수 있다.

04 | 청소년 인성검사

　　청소년 인성검사는 매우 다양하고 서로 다른 성격 특성의 모습을 측정해 준다. 자신의 성격 특성은 어떤 모습인지 검사를 통해 확인할 수 있다. 하위 척도는 외향성, 호감성, 성실성, 개방성, 정서적 불안정성의 5요인이다. 요인별 세부 요인을 알아보면 다음과 같다.

요인	세부 요인
외향성	친밀, 사회성, 리더십, 활동성, 자극 추구, 긍정 정서
호감성	신뢰, 정직, 이타, 협조, 겸손, 동정
성실성	유능감, 정돈, 규칙 준수, 성취 지향, 자제, 신중
개방성	상상, 심미, 감수성, 경험 추구, 지적 호기심, 가치
정서적 불안정성	불안, 분노, 우울, 자의식, 충동, 심약

결과표는 다음과 같이 T점수로 나타난다. 이 학생의 성격은 5가지 요인에서 중립적 성향을 나타낸다고 볼 수 있다. 즉 극히 외향적이거나 내성적이지 않은 원만한 성격임을 알 수 있다.

척도명	T점수	20	30	40	50	60	70	80
외향성	46							
호감성	41							
성실성	42							
개방성	46							
정서적 불안정성	58							

출처 : 워크넷 홈페이지

05 | 청소년 직업흥미검사(개정)

청소년들이 자신의 직업적 흥미를 탐색하고 이를 토대로 효율적인 진로/직업설계를 할 수 있도록 직업흥미에 적합한 직업과 학과에 대한 정보를 제공해 주는 검사이다. 이 검사는 청소년이 흥미 있고 관심 있는 활동과 분야를 측정하여 일반흥미유형과 기초흥미분야 2개의 결과를 제공한다.

| 1 | 일반흥미유형

일반흥미유형은 미국의 심리학자인 홀랜드가 제시한 이론으로 사람들이 좋아하는 직업흥미를 크게 6개로 나눠 설명한다. 다음 그림은 6개의 흥미 유형을 육각형으로 표현한 것이다. 6개의 흥미 유형 중 가장 높은 흥미 수준 2개가 검사자의 흥미 코드이다.

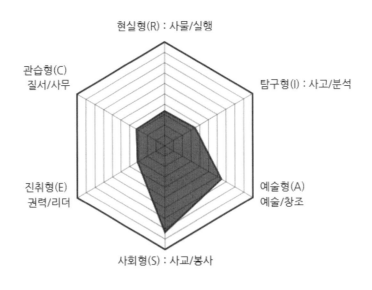

출처 : 워크넷 홈페이지

이 그림에서 나타난 학생의 직업흥미 코드는 SA임을 알 수 있다. SA 유형은 창의적인 아이디어를 발휘하지만 다른 사람들과 좋은 관계를 유지하고자 하는 편이다. 다른 사람을 육성하거나 교육하는 분야에서 일하는 것을 선호한다. 일반흥미유형의 6가지 특징은 다음과 같다.

흥미 유형	특징	선호 직업 활동	가치	대표 직업
Realistic (현실형)	실체적이며 단순함 여러 사람과 함께 일하는 것보다 혼자 일하는 것을 선호	기계나 도구, 사물을 조작하는 활동 사람이나 아이디어를 다루는 일보다는 사물을 다루는 일 선호	전통적 가치 독립적인 가치 폐쇄적 신념	농업종사자, 경찰, 소방관, 기술자, 목수, 운동선수 등
Investigative (탐구형)	지적이고 분석적임 호기심 많고 개방적임	과학적이고 학문적인 활동 문제 해결을 위해 아이디어를 사용하고 정보를 분석하는 일 선호	과학/학문적 성취 개방된 신념	물리학자, 의학자, 수학자, 컴퓨터 프로그래머 등
Artistic (예술형)	상상력이 풍부하고 직관적임 개방적이며 독창적임	재능을 가지고 창의적인 작업을 수행하는 활동 선호	심리적 경험 및 성취 개방적 신념 체계 자유목표의 가치	예술가, 작가, 음악가, 화가, 디자이너 등
Social (사회형)	명랑하고 사교적임 친절하고 이해심이 있음	개인적인 교류를 통해서 타인을 도와주고 가르치고 상담해 주고 봉사하는 활동 선호	사회, 윤리적 활동 다른 사람을 도와주고자 하는 희망	교사, 상담가, 사회복지사, 성직자 등
Enterprising (진취형)	권력 지향적이며 지배적임 야심이 많고 외향적임	타인을 설득하고 지시하며 관리하는 활동 선호	경제적, 정치적 성취 리더가 되고자 함 야망에 가치	경영인, 관리자, 언론인, 판매인
Conventional (관습형)	보수적이고 실용적임 변화를 싫어하고 안정 추구	고정된 기준 내에서 일하고 관례를 정하고 유지하는 활동 선호	사무경제적 성취 조직이나 제도 내에서 일하는 것 선호	사무직 종사자, 사서, 비서 등

| 2 | 기초흥미유형

일반흥미유형과 관련되면서 보다 세분된 흥미 영역을 측정하는 것이다. 14개 기초흥미 분야에서 개인의 흥미 수준을 측정한다. 기초흥미 분야에서 높은 점수가 나온 부분을 직업 탐색과 직접 연결하여 활용할 수 있다. 분야별 내용은 다음과 같다.

기초흥미	관련학과	관련 직업
기계, 기술	건축(공)학과, 토목공학과, 기계공학과, 금속공학과, 자동차(공학)과, 신소재공학과, 제어계측공학과, 화학공학과, 재료공학과, 섬유공학과, 전자공학과, 반도체공학과, 컴퓨터공학과, 정보통신공학과	건축기술자, 토목기술자, 기계공학기술자, 항공기 정비원, 자동차정비원, 재료공학기술자, 화학공학기술자, 전자공학기술자, 전기공학기술자, 컴퓨터/사무기기 설치 및 수리원, 가전제품 설치 및 수리원, 컴퓨터공학기술자, 환경공학기술자, 선장, 항해사 및 기관사, 항공기조종사 및 기술종사자
사회안전	소방학과, 경찰학과, 보건학과, 응급구조학과, 경호학과	경찰관, 소방관, 교도관 및 보호관, 구급요원(응급구조사), 청원경찰, 경호원, 군인
농림	농학과, 축산학과, 수산학과, 산림학과, 원예학과, 자원학과	곡식작물재배자, 채소 및 특용작물재배자, 과수작물재배자, 육모/화훼작물재배자, 가축사육자, 동물조련사
과학 연구	물리학과, 화학과, 수학과, 통계학과, 대기과학과, 천문학과, 지질학과, 생물학과, 생명과학과, 의학과, 수의학과, 약학과	물리학자, 화학자, 수학자, 통계학자, 천문학자, 지질학자, 기상연구원, 생물학자, 생명공학자, 유전공학자, 의사, 수의사, 약사
음악	음악학과, 국악과, 기악과, 관현악과, 피아노과, 성악과, 작곡과, 생활음악과	성악가, 지휘자, 작곡가, 연주가, 가수, 국악인, 음악평론가
미술	동양화과, 서양화과, 섬유미술과, 조소과, 애니메이션학과, 산업디자인학과, 시각디자인학과, 의상디자인학과, 가구디자인학과, 공업디자인학과, 실내디자인학과, 사진학과, 공예학과, 도예학과	화가 및 조각가, 만화가 및 애니메이터, 제품디자이너, 패션디자이너, 인테리어디자이너, 시각디자이너, 웹 및 멀티미디어 디자이너, 사진작가, 공예원

문학	국어국문학과, 문예창작학과, 일어일문학과, 영어영문학과, 독어독문학과, 노어노문학과, 스페인어문학과, 불어불문학과, 중어중문학과	소설가, 수필가, 구성작가, 시나리오작가, 번역가, 카피라이터, 시인, 문학평론가
공연예술	연극영화과, 공연기획과, 무용과, 방송영상과, 영상제작과	연기자, 영화감독, 방송 PD, 공연 및 전시 기획자, 영상제작자, 촬영감독, 조명감독
교육	사범계열학과(국어교육과/수학교육과 등), 교육학과, 초등교육과, 유아교육과, 특수교육학과	대학교수, 중등학교 교사, 초등학교 교사, 유치원 교사, 특수학교 교사, 학원 강사(문리어학/컴퓨터/예능/기술기능계)
사회	간호학과, 재활학과, 작업치료학과, 물리치료학과, 상담심리학과, 사회복지학과, 아동가족학과, 보육학과	간호사, 물리치료사, 임상심리사(심리치료사), 사회복지사, 상담전문가, 사회단체활동가, 보육교사, 성직자
관리, 경영	경영학과, 행정학과, 국제경영학과, 경영정보학과, 호텔경영학과, 정치(외교)학과	고위공무원 및 공공단체임원, 기업 고위임원, 금융 및 보험관련관리자, 정부행정관리자, 경영컨설턴트, 호텔경영자
언론	법학과, 신문방송학과, 언론정보학과, 정보미디어학과, 국제관계학과	신문기자, 방송기자, 잡지기자, 취재기자, 아나운서 및 리포터, 변호사, 논설위원
판매영업	마케팅학과, 광고홍보학과, 금융보험학과, 무역학과, 유통학과	광고 및 홍보전문가, 투자상담사, 영업원(일반/기술/자동차), 상품중개인(경매인), 부동산중개인, 상품판매원 및 상품대여원, 텔레마케터, 쇼핑호스트, 홍보판촉원 및 홍보도우미, 보험모집인
사무회계	회계학과, 세무학과, 비서학과, 문헌정보학과	회계사, 세무사, 은행사무원, 인사사무원, 구매사무원, 회계사무원, 일반공무원, 비서, 우편사무원, 사서

다중지능검사 활용법

01 │ 다중지능이론의 개념 및 유용성

다중지능이론(Multiple Intelligence Theory)은 하버드대학교 교육학과 교수인 가드너 박사가 주장한 지능 계발에 관한 이론이다. 인간의 지능은 IQ 테스트처럼 객관적으로 측정할 수 있는 하나의 지능이 아니라 여러 가지가 있을 수 있으며, 이 모든 지능은 어떻게 계발하는가에 따라 달라질 수 있다는 것이다.

가드너 박사는 다중지능을 언어(Linguistic), 논리-수학(Logical-Mathematical), 공간(Spatial), 음악(Musical), 신체-운동(Bodily-Kinesthetic), 대인 관계(Interpersonal), 개인 이해(Intrapersonal), 자연 탐구(Naturalistic) 지능의 8개 유형으로 구분하였다.

기존의 IQ 테스트는 검사 문항에 바르게 답하는 것으로 검사하며, 대체로 두뇌는 타고난 것으로 논리와 언어능력을 범위로 본다면, 가드너 박사는 인간은 8가지 지능을 어떻게 조합하고 발전시키느냐에 따라서 자신만의 고유한 지능이 될 수 있다는 다양성의 관점을 제시하였다. 요즘 우리가 자주 얘기하는 수학 영재, 과학 영재, 음악 영재라는 개념은 여기에서 비롯하였다. 다중지능이론은 한마디로 인간이 가지고 있는 다양한 잠재력을 지능으로 개념화함으로써 누구나 어느 한 방면에서는 탁월한 능력을 발휘할 수 있다는 자신감을 심어 준다는 측면에서 특히 청소년에게 매우 긍정적인 심리진단 기법이라 할 수 있다.

성공한 사람들의 공통적인 특징은 자신의 능력에 대해 긍정적이라는 것이다. 자신이 잘하는 것과 자신의 목표가 무엇인지에 대해 뚜렷하게 인지함으로써 발전을 위한 동력을 마련해서 적극적으로 노력한다는 것이다. 청소년들에게 자신이 잘하는 면이 무엇인지를 깨닫게 해서 자신감을 불어넣어 줄 수 있고, 자신의 미래 개척에 대해서도 적극적으로 만드는 데 유용하게 이용할 수 있다.

다중지능검사를 다년간 연인원 1,000여 명 이상의 청소년에게 실험해 본 바에 의하면, 어느 영역이든 자신이 잘하는 게 있다고 인식한 학생들의 학습 노력이 향상했다. 청소년들에게 자기 능력에 대한 확신이 얼마나 중요한지를 알게 하는 사례라 할 수 있다. 학부모들도 다중지능검사를 적극적으로 활용하여 자녀들이 적극적으로 자신의 미래를 개척해 나갈 수 있는 자신감을 느끼게 해 주길 바란다.

| 1 | 언어 지능(Linguistic Intelligence)

작가, 웅변가, 정치가, 시인, 편집자, 기자 등과 같이 말과 글로써 언어를 효과적으로 구사하고 사용할 수 있는 능력을 말한다. 언어의 구조, 음성학, 언어의 소리, 언어의 의미, 그리고 언어의 실용적 차원 혹은 실제 활용 등을 통제하는 능력이 포함된다. 즉 이 지능은 어휘를 효과적으로 사용하는 능력이라 정의할 수 있다. 이 지능이 높으면 소설가, 정치가, 시인, 기자, 방송인, 평론가 등의 직업을 가지는 데 유리하다.

| 2 | 논리-수학 지능(Logical-Mathematical Intelligence)

수학자, 세무사, 통계학자, 과학자, 컴퓨터 프로그래머, 논리학자 등과 같이 문제를 논리적으로 분석하고 숫자를 효과적으로 사용하여 과학적인 방법으로 문제를 탐구할 수 있는 능력을 말한다. 요즘 수학의 중요성이 대두되면서 학부모들이 가장 중요하게 생각하는 영역이다. 이 지능이 뛰어난 사람은 비교적 짧은 시간 안에 논리-수학적 문제 해결이 가능하다. 일반적으로 머리가 좋다고 말하는 지능이다. 언어 지능과 함께 중요한 지능으로 여겨져 왔다. 하지만 이 지능을 너무 과대평가하면 다른 영역의 지능 발달에 부정적인 영향을 미칠 수 있으니 주의해야 한다. 이 지능이 높으면 수학자, 논리학자, 과학자, 회계사, 철학자 등의 직업을 가지는 데 유리하다.

| 3 | 공간 지능(Spatial Intelligence)

시각적·공간적 세계를 정확하게 지각하는 능력과 그런 지각을 통해 형태를 바꾸는 능력을 말한다. 색, 선, 모양, 형태, 공간과 이런 요소 간에 존재하는 관계에 대한 감수성이 포함된다. 추상적인 것을 구체화하는 시각화 능력, 시각적·공간적 아이디어를 기하학적으로 표현하는 능력, 자신을 어떤 공간상에 적절하게 위치시키는 능력도 포함된다. 이 지능이 높으면 조각가, 화가, 디자이너, 사진사, 그래픽 아티스트 등의 예술가와 조종사, 항해사, 건축가, 외과 의사 등의 직업을 가지는 데 유리하다.

| 4 | 음악 지능(Musical Intelligence)

음악적 표현 형식을 지각하고, 변별하고, 변형하고, 표현할 수 있는 능력을 말한다. 들려오는 음악의 리듬과 멜로디, 어떤 음악의 음색과 음절에 대한 민감성이 포함된다. 악기를 연주하고, 노래를 부르며, 어떤 곡을 창작하고 감상하는 데 필요한 지능이다. 소리로 만들어진 음악을 이해하고, 창조하고, 타인과 소통할 수 있게 한다는 점에서 언어 지능과 매우 유사하다. 이 지능이 높으면 전문 연주자, 작곡가, 무용가, 지휘자, 가수, 음악치료사, 음악비평가 등의 직업을 가지는 데 유리하다.

| 5 | 신체-운동 지능(Bodily-Kinesthetic Intelligence)

자기 생각이나 감정을 신체를 이용해서 표현하는 능력, 자신의 신체를 이용해서 사물을 만들거나 변형시키는 능력을 말한다. 신체적 반응에 민감한 감수성, 촉각적 능력뿐만 아니라 협응, 균형, 손재주, 힘, 유연성, 속도 등과 같은 특정한 신체 기술이 포함된다. 이 지능이 높으면 운동선수, 무용가, 산악 등반가, 배우, 조각가, 마술사, 연기자 등의 직업을 가지는 데 유리하다.

| 6 | 대인 관계 지능(Interpersonal Intelligence)

다른 사람의 기분, 행동의 의도, 동기, 감정을 빠르게 인식하고 구분할 수 있는 능력을 말한다. 얼굴 표정, 목소리, 몸짓 등에 대한 주의력과 민감성뿐만 아니라 타인의 생각과 행동에 영향을 주는 것, 기분·감정·의도를 읽을 수 있는 단서들을 구분할 수 있는 능력이 포함된다. 이 지능이 높으면 종교인, 정치지도자, 교사, 상담원 등의 직업을 가지는 데 유리하다.

| 7 | 개인 이해 지능(Intrapersonal Intelligence)

자기 자신에 대한 객관적 이해 및 지식과 그에 기초하여 잘 행동할 수 있는 능력을 말한다. 이 지능이 뛰어난 사람은 자기 자신의 장점과 단점에 대해 정확하게 이해하고 자기 내면의 기분, 의도, 동기, 기질, 욕구 등에 대한 통찰력이 높으며 자기 통제와 자기 관리 능력, 자존감을 유지하려는 의지와 능력이 강하다. 이 지능이 높으면 소설가, 상담사, 임상학자, 종교지도자, 심리치료사 등의 직업을 가지는 데 유리하다.

| 8 | 자연 탐구 지능(Naturalistic Intelligence)

자연의 사물을 구별하고 분류하는 능력과 자연환경의 특징을 사용할 수 있는 능력을 말한다. 자신을 둘러싸고 있는 자연환경과 자신이 얼마나 잘 교감할 수 있는가의 정도를 나타낸다. 이 지능이 뛰어난 사람은 식물이나 동물 등 주변 환경에서 찾을 수 있는 사물들을 자세히 관찰하여 차이점이나 공통점을 찾고 분석할 수 있으며, 자연환경을 보호하고자 한다. 이 지능이 높으면 원예가, 곤충학자, 동물학자, 생물학자, 과학자 등의 직업을 가지는 데 유리하다.

TIP 학종에 유리한 학생 유형

지금까지의 경험에 의하면 다음 3가지 유형에 속하는 학생들이 학종에 유리하다. 구체적으로 살펴보면 다음과 같다.

자신의 진로가 뚜렷한 학생

진로가 정해진 학생들은 일찍부터 학교활동을 열심히 한다. 자신의 목표가 구체적으로 보이기 때문이다. 예를 들어 생명공학을 전공하고 싶은 학생이면 1학년 때부터 과학 시간에도 생명과학 실습에 열심일 수밖에 없고, 동아리활동도 열심히 한다. 해당 내용에 흥미가 있으니 관련 책들도 스스로 찾아서 읽는다. 즉 자기주도적으로 열심히 활동하는 것이다. 이런 모든 활동이 학생부에 기록된다. 그리고 합격으로 연결된다.

꾸준히 노력하는 학생

재능 있고 머리가 좋지만 입시에 실패하는 학생들을 심심찮게 목격한다. 입시는 마라톤이지 100m 단거리 시합이 아니기 때문이다. 특히 학종은 인내와 노력을 요구한다. 시험 기간에만 반짝 공부하는 학생은 성공하지 못한다. 1학년부터 3학년까지 내신 관리와 더불어 교과, 비교과 활동 모두 다 성실하게 해야만 성공한다. 보통 노력하는 것을 싫어하는 학생들이 수능으로 진학하길 원한다. 학종은 자신을 믿고 끝까지 노력하는 학생에게 영광을 안겨다 준다. 머리가 나쁘고 좋고는 상관없다. 자신이 결정한 미래를 향해서 끝까지 전력투구하는 마음가짐이 더욱더 중요하다.

장점 과목이 있는 학생

학생부교과전형에서는 성적이 나오는 모든 과목의 평균을 내고 합격 여부를 판정한다. 좋아하는 과목과 싫어하는 과목 간의 편차가 적어야 합격에 유리하다. 반면에 학생부종합전형에서는 자기가 좋아하는 과목을 얼마나 열정적으로 파고 들어갔는지가 합격 여부를 결정한다. 만약 정치외교학과 진학을 원하면 사회 과목과 영어 과목에서 자신의 학습에 대한 열정을 얼마나 보여 줄 수 있는지가 당락의 기준이다. 물론 수학과 과학 과목 성적이 중요하지 않은 것은 아니지만 전체 과목 내신 성적보다는 자기가 좋아하는 과목에 대한 심화도가 더욱더 중요하다. 과목 간의 편식 증세가 있는 학생에게 유리한 전형이 학생부종합전형이다.

학부모를 위한 대입 용어

표준점수

수험생의 원점수(가채점 후 얻은 기본 점수)가 평균으로부터 얼마나 떨어져 있는지를 알 수 있는 점수이다. 영역별, 과목별 난이도를 고려해 상대적인 성취수준을 파악하기 위해 계산한 것이다. 수험생마다 선택 영역이 다르고, 영역별 난이도 차이에 따라 유리하거나 불리한 상황이 발생할 수 있다. 수능 시험에서 원점수가 아닌 표준점수를 사용하는 이유이다. 시험이 어렵게 출제돼 평균이 낮으면 표준점수가 높고, 문제가 쉬워 평균이 높게 형성되면 표준점수는 낮아진다. 즉 표준점수가 높을수록 난이도가 높다는 의미이다.

백분위

표준점수보다는 이해하기 쉽다. 말 그대로 주어진 자료를 백분율로 표시한 값이다. 좀 더 구체적으로 얘기하면 자신보다 낮은 점수를 받은 학생이 얼마나 있는지를 %로 나타낸 수치이다.

내신 등급

백분위를 기반으로 수험생을 1~9등급으로 구분해 표시한다. 고교 시절 내신 성적을 따질 때도 쓰는 방식이라 수험생과 학부모 모두에게 익숙한 지표이다. 상위 4% 이내는 1등급, 4~11%는 2등급, 11~23%는 3등급 등으로 정해진 비율에 따라 등급이 산출된다.

군

정시모집에서 각 대학은 가, 나, 다 3개 군으로 나눠 배치된다. 이 같은 방식은 면접이나 실기 등 전형 일정이 중복되는 상황을 줄이고, 몇몇 대학으로 지원자가 과도하게 몰리는 것을 방지하는 기능도 한다.

영역별 반영 비율(수능 시험 가중치)

대학은 수능 시험 성적을 반영할 때 모든 영역에 동일한 가중치를 두고 평가하지 않는다. 모집단위의 특성에 따라 영역별로 가중치를 달리해 전형 총점을 계산한다.

가산점

국어, 영어, 한국사는 모든 수험생이 같은 문제로 시험을 치른다. 하지만 수학(가, 나형)과 탐구 영역은 학생들의 선택에 따라 다른 문제로 시험을 봐야 해서 선택 과목에 따라 유리하거나 불리한 상황이 생길 수 있다. 일반적으로 대학의 자연계열 모집단위는 수학의 미적분이나 기하, 과학탐구 영역에 가산점을 부여하는 경우가 많다.

대학별 환산점수

대학마다 영역별 반영 비율, 가산점 부여 등이 다르다. 대학별 환산점수는 영역별 가중치를 고려해 최종적으로 산출되는 점수이다. 그래서 평균 백분위 성적이나 표준점수의 합으로 합격과 불합격 가능성을 따져 볼 수 없다.

추가합격

정해진 인원을 뽑는 모집에서 지원/등록 포기 등으로 인해 실제로 지원/등록하는 사람 수가 모집정원 수에 미치지 못할 경우 모집경쟁에서 탈락한 사람 중에서 높은 순위를 받은 사람을 미달정원 수만큼 합격시켜 주는 것을 말한다.

추가모집

정시모집 합격자 등록(충원 합격 포함) 이후에도 모집정원을 다 채우지 못하는 경우가 나올 수 있다. 이때 그 결원을 보충하기 위해 실시하는 것이 추가모집이다. 정시모집 전형 결과가 나온 뒤 추가모집 요강이 발표된다.

표준편차

성적이 평균으로부터 얼마나 떨어져 있는지를 표시하는 수치이다. 표준편차가 클수록 학생들의 성적 분포가 다양하다는 것을 의미한다.

표준점수

전체 평균을 100으로 놓고 분포시킨 상대 점수이다. 수능 점수를 매길 때 응시영역과 과목의 응시자 집단에서 해당 수험생의 상대적인 위치나 성취 수준을 나타내기 위해 산출한다. 개인의 상대적인 위치나 성취수준에 관한 정보를 제공하기 위해 도입하였다.

변환표준점수

각 과목의 난이도와 표준편차를 고려한 점수이다. 표준점수의 변별력을 높이기 위해 산출하는 점수로 대학에서는 주로 탐구 영역의 성적을 반영할 때 사용한다.

Z점수

(원점수 - 평균) / 표준편차로 계산한다. 대표적으로 Z점수를 반영하는 대학교는 연세대학교이다. 연세대학교는 이 공식으로 나온 Z값에 따라서 석차 백분율을 미리 공지하고 해당 값을 이용해서 최종 반영점수를 계산한다. Z점수를 활용하는 대학교들은 대부분 정확한 계산 과정을 공개하지 않는 경우가 많다.

교차지원

학생이 응시한 수능 시험 계열과 다른 모집단위에 지원할 수 있는 제도를 말한다. 예를 들어 수능 시험을 인문계열로 응시하고 자연계열이나 예체능 계열 학과에 지원하거나, 반대로 수능을 자연계열로 응시하고 인문계열 또는 예체능계열 학과에 지원하는 경우이다.

구술면접고사

말로 하는 시험을 말한다. 필기시험 위주의 지식 평가를 탈피하여 통찰력과 논리적 사고력, 의사소통능력을 평가하는 시험이라고 할 수 있다. 구술면접고사는 수험생들의 논리적 사고력, 창의력, 순발력과 응용력을 평가할 수 있다. 심층 면접이라고도 한다. 학생부종합전형의 인성 면접과는 다른 개념이다.

학생부교과전형

학생부 교과 성적을 중심으로 학생을 정량적으로 평가하는 전형을 말한다.

학생부종합전형

입학사정관 등이 참여하여 학생부를 중심으로 자소서, 추천서, 면접 등을 통해 학생을 정성적으로 종합 평가하는 전형을 말한다. 2024년 대입부터는 자소서가 빠진다.

수시/정시 지원 횟수

입학원서 접수 시 수시전형은 최대 6회, 정시전형은 모집군별로 각 1회씩 총 3회 지원할 수 있다(교육대학 포함, 전문대학·산업대학은 제외). 이를 초과하면 원서 접수 시간 순서로 따져 초과한 접수는 취소된다. 이를 위반하면 입학이 무효가 되므로 주의해야 한다.

예비합격자

최초합격자 발표 시 일정 비율의 지원자에게 후순위 합격자의 순위(순서)를 부여한다. 이때 후순위 합격 기회를 부여받은 지원자를 말한다.

복수 지원

수시모집은 각 대학에 최대 6개 전형 이내로 지원할 수 있는데 이것을 복수 지원이라고 한다. 해당 대학에서 금지하고 있지 않을 경우, 동일 대학에도 복수 지원할 수 있다. 정시모집 역시 모집군별로 각 1회씩 총 3개의 전형에 지원할 수 있다.[모집 기간군이 다른 대학 간(가/나/다 군) 또는 동일 대학 내 복수 지원 가능] [복수 지원 시 교육대학 포함, 전문대학·산업대학은 제외]

미등록 충원

합격자가 등록하지 않아 결원이 생겼을 때 해당 대학의 예비합격자를 추가로 등록시키는 것을 말한다.

이월 인원

모집 시기별로 미달 또는 미등록으로 인해 발생한 결원을 다음 모집 시기로 이월하여 선발하는 인원을 말한다. 수시모집에서 미충원된 인원은 정시모집으로 이월하는 경우가 많으므로 정시모집 지원 시 확인이 필요하다.

고른기회전형

교육 기회의 불평등을 해소하기 위해 실시하는 전형으로 농어촌학생 등 법률상 보장되는 정원외 특별전형과 대학 독자적 기준에 따른 보상 및 배려 차원의 전형 내 특별전형이 있다.

일관 합산 전형

단계로 나누어지지 않고 일괄적인 성적 처리를 통해 이루어지는 전형을 말한다.

정원외전형

고등교육을 받을 기회를 균등하게 제공하기 위해 소득·지역 등의 차이를 고려하여 고등교육법 시행령 제29조에 따라 대학에서 자율적으로 하는 전형을 말한다. 정원외전형은 농어촌학생 특별전형, 특성화고교 졸업자 특별전형, 재외국민과 외국인 특별전형(북한이탈주민, 부모 모두 외국인인 외국인, 외국에서 초·중등 전 교육과정을 이수한 재외국민, 외국인, 귀화 허가를 받은 결혼이주민 포함), 기초생활수급자·차상위계층·한부모가족 지원대상자 특별전형, 특성화고 등을 졸업한 재직자 특별전형, 장애·지체로 인해 특수한 교육적 필요 대상자 특별전형 등이 있다.